역학총서

영부비전서

김현석

동양서적

自序

現代社會에 있어서 靈驗神符에 관한 秘方術의 學術研究가 高潮되고 있음은 그 考古學的 學術연구와 그 效驗的 價値를 重視하는 것이다.

이에 著者로서는 多年間의 研究結果 斯界學術의 研究活動에 一助에 供하고자 本書를 整理 發表하는 바이다.

무엇보다 이 序頭에 밝혀두고자 하는바는 本靈符는 본래 精神의 糧食이라 한인 것이다.

따라서 靈符를 活用함에 있어서는 첫째 規定에 의한 正確한 作符와 두째 作符하는 發行者의 精誠과 세째 利用하는 實用者의 信念의 三位一體로만이 그 效驗의 價値가 認定될수 있음을 明白히 말하여 두고자 한다.

그리하여 이 三者中 어느 하나라도 疎忽히 取扱되었을 경우 그 價値는 이미 喪失될 뿐만 아니라 活用에 있어서 그 神秘法을 惡意로서 濫用하고 또 作符에 있어서 惑世誣民하게 되면 도리여 神罰이 있게 된다는 것을 自覺하여야 할 일이다.

本書의 發刊意義가 한사람이라도 福祉社會에서 幸福한 活動을 누릴수 있도록 하는데 있을진대 正確과 精誠과 信念으로서 무두들의 어려운 難關을 克服하여 明朗社會가 이루어 진다면야 著者로서는 그 위에 무엇을 바라랴.

江湖諸賢에 本書를 내놓으니 그 体裁와 記述의 未洽이 있다면 叱責과 割愛의 指導 鞭撻있기를 바라는 바이다.

丁巳年 八月 日

白雲相學院 院長 **金顯錫** 謹拜

推薦辭

靈符秘傳에 관한 効驗의 價値는 且置하고라도 그 學術的 存在가 따스한 우리 祖上들의 얼을 간직케하고 幸福을 바라는 사람들의 羨望의 對象이 아닐수 없다.

人類의 歷史는 幸福을 追求하며 살다 간 사람들의 點綴된 記錄이며 또 앞으로도 사람들은 永遠히 幸福을 바라면서 살아 갈 것이다.

이렇게 幸福을 希求하면서 사는 人類의 歷史가 이어가는 한에 있어서 人類의 共同關心事는 어떤 모진 낮에도 꺼질 수는 없을 것이다.

本書는 幸福을 담고 살아간 先賢先哲들의 靈符秘傳을 최대한 網羅蒐集하여 學術的 体系를 가추고 編輯 되였다는 점에 貴重한 資料로 斯界寶典으로서 評價되어야 할 일이다.

다만 靈符가 지닌 참 意義가 어두운 世界에서 헤메이며 苦憫하는 사람들을 善導하여 그의 앞길에 燈불잡이가 되어 在世理化 弘益人間으로 이바지하고자 함에 그 主目的이 있다함을 깊이 認識하여야 할 일이다.

같은 물그라도 뱀이 마시면 毒이 되고 젓소가 마시면 젓이 되는 것이다. 塗炭에서 헤메이는 人類를 한사람이라도 더 어둠에서 救出하고 福祉社會에 引導하여 健全한 産業役軍으로 獻身토록하여야 할 일이다.

斯界 學術的 權威者인 白雲 金顯錫 相學家의 硏究發表인 本書를 江湖諸賢에 推薦하는 바이다.

丁巳年 八月 日

全羅南道警察局 總警 梁成宇 謹識

목 차 (目次)

一. 머리말 ······ 三

　만사대길 (萬事大吉)
　　만사대길부 (萬事大吉符) ······ 一七
　　적갑부 (赤甲符) ······ 二七

二. 소원성취 (所願成就)
　　소망성취부 (所望成就符) ······ 二九
　　옥추소원부 (玉樞所願符) ······ 四○
　　칠성부 (七星符) ······ 四一
　　북두칠성 (北斗七星)의 배치 ······ 四二
　　탐낭부 (貪狼符) ······ 四三
　　거문부 (巨門符)・녹존부 (祿存符) ······ 四四
　　문곡부 (文曲符)・염정부 (廉貞符) ······ 四五
　　무곡부 (武曲符)・파군부 (破軍符) ······ 四六

목적(目的)을 달성시키는 부적 ……………… 四七
계획을 성취시키는 부적 ……………………… 四七
합격부(合格符) ………………………………… 四八
장해물(障害物)제거하는 부적 ………………… 四九

三, 안택(安宅) …………………………………… 四五
가택편안부(家宅便安符) ……………………… 五○
안택부(安宅符) ………………………………… 五一
우환소멸부(憂患消滅符) ……………………… 五二
가액퇴치부(家厄退治符) ……………………… 五三
가내대길부(家内大吉符) ……………………… 五四
오방신(五方神) 수호부 ………………………… 五五
동방신 수호부 ………………………………… 五五
남방신 수호부 ………………………………… 五六
서방신 수호부 ………………………………… 五六
북방신 수호부 ………………………………… 五七

중앙신 수호부

가정불화(家庭不和)를 방지하는 부적 ······ 五七

친척화목부(親戚和睦符) ······ 五八

四、신수(身數)

(1) 신수총부(身數總符) ······ 五九

태세부(太歲符) ······ 六〇

재앙(災殃)과 횡액(橫厄)을 면하는 부적 ······ 六一

(2) 삼재부(三災符) ······ 六二

옥추삼재부(玉樞三災符) ······ 六三

삼재퇴치부(三災退治符) ······ 六四

삼재소멸부(三災消滅符) ······ 六四

입삼재부(入三災符) ······ 六五

묵은 삼재부(中三災符) ······ 六六

출삼재부(出三災符) ······ 六六

(3) 관재·구설·송사(官災·口舌·訟事 ······ 六七

관재소멸부(官災消滅符) ················ 六七
관액방지부(官厄防止符) ················ 六八
관재구설(官災口舌) 예방 및 소멸부 ········ 六九
구설소멸부(口舌消滅符) ················ 七〇
송사(訟事) 및 시비(是非)를 면하는 부적 ··· 七一
관재·구설·송사·시비 소멸부 ············ 七二
시비(是非) 소멸부 ···················· 七三
(4) 소송부(訴訟符) ···················· 七四
수재(水災) 및 화재(火災) ·············· 七五
수화재(水·火災) 예방부 ················ 七五
수액(水厄)을 예방하는 부적 ············ 七六
화액(火厄) 및 화재 예방부 ·············· 七七
(5) 손재(損財) 및 실물부(失物符) ········ 七八
손재방지부 ·························· 七八
실물방지부 ·························· 七九

실물(失物) 찾는 부적 ·················· 七九
도적불침부(盜賊不侵符) ············· 八〇
강도(强盜) 및 도적 예방부 ··········· 八〇
도적이 스스로 나타나는 부적 ········· 八一
질병(疾病)과 횡액(橫厄) 예방 ········ 八二
질병불침부(疾病不侵符) ··············· 八二
교통액(交通厄) 방지부 ················ 八三
벼락(雷電)을 막는 부적 ··············· 八三
五、 벼슬(官)·직업(職)·시험(試驗) ······· 八四
관직(官職) 구하는 부적 ··············· 八四
귀인(貴人)을 면접(面接)하는 부적 ··· 八五
합격부(合格符) ························· 八五
六、 재산(財産) 및 사업(事業) ············· 八六
재수대길부(財數大吉符) ··············· 八六
재수대통부(財數大通符) ··············· 八七

재리부 (財利符) ─────────── 八八
재보자래부 (財寶自來符) ───── 八九
금은자래부커부 (金銀自來富貴符) ── 九○
구재산부 (救財産符) ───────── 九○
실패 (失敗) 를 방지하는 부적 ──── 九○
사업흥왕부 (事業興旺符) ────── 九一
복운부 (福運符) ─────────── 九二
번영부 (繁榮符) ─────────── 九三
중악부 (中岳符) ─────────── 九四

七、부부 (夫婦) 와 애정 (愛情)

(1) 부부에 대한 부적
부부화합부 (夫婦和合符) ────── 九五
부부불화 (夫婦不和) 방지부 ───── 九六
부부자손 화합부 (夫婦子孫和合符) ── 九七
부부해로부 (夫婦偕老符) ────── 九七

(2)
애정(愛情)이 두터워지게 하는 부적 …………… 九九
권태증(倦怠症) 방지부 …………………………… 一○○
바람피우는 것을 방지하는 부적 ………………… 一○一
첩(妾)을 못 얻게(떼게) 하는 부적 …………… 一○二
연애(戀愛)와 결혼(結婚) ………………………… 一○三
인연부(因緣符) …………………………………… 一○三
짝사랑이 이루어지는 부적 ……………………… 一○七
결혼 성취부(結婚成就符) ………………………… 一○八
애정독점부(愛情獨占符) ………………………… 一○九
교제를 끊는 부적 ………………………………… 一○九

八. 자손(子孫)
자손 구하는 부적 ………………………………… 一一○
아들 잉태(孕胎)하게 하는 부적 ………………… 一二○
자손실패(子孫失敗) 방지부 ……………………… 一二一
구녀성살(九女星殺) 막는 부적 ………………… 一二二

九、 임신(妊娠) 및 해산(解産)

(1) 임신에 관한 부적

태(胎)를 편하게 하는 부적 …… 一三

보태부(保胎符) …… 一三

유산(流産) 및 낙태(落胎) 방지부 …… 一五

낙태 및 사산(死産) 방지부 …… 一六

(2) 해산(解産)에 대한 부적

순산(順産)하는 부적 …… 一七

난산부(難産符) …… 一八

최생부(催生符) - 해산을 빨리 하라는 부적 …… 一八

도산부(倒産符) …… 一九

횡·도산(橫·倒産) 예방부 …… 二○

태철 속출부(胎血速出符) …… 二二

후산(後産) 편안부 …… 二三

젖 잘나오게 하는 부적 …… 二三

一〇、선신수호(善神守護)

태을부(太乙符) ······ 一二五
주요성부(九曜星符) ······ 一二六
팔문신장부(八門神將符) ······ 一二七

一一、악신퇴치(惡神退治)

악귀불침부(惡鬼不侵符) ······ 一二九
악귀퇴치부(惡鬼退治符) ······ 一三〇
관음부(觀音符) ······ 一三一
귀신(鬼神) 쫓는 부적 ······ 一三二
잡귀(雜鬼) 쫓는 부적 ······ 一三三
가내 백신 불침부(家內百神不侵符) ······ 一三三
요사(妖邪)를 쫓는 부적 ······ 一三五
사귀(邪鬼)를 물리치는 부적 ······ 一三六
축귀부(逐鬼符) ······ 一三七
인귀(人鬼) 물리치는 부적 ······ 一三九

괴물(怪物) 퇴치부 ──────────────────── 三九

흉살진압부(凶殺鎭壓符) ─────────────── 四〇

二、꿈(夢)에 대한 부적

흉몽(凶夢)을 물리치는 범 ─────────── 四一

악몽(惡夢)을 꾸었을 때 ──────────── 四二

흉몽(凶夢)을 길몽(吉夢)으로 ───────── 四三

십이지일(十二支日) 꿈에 대한 부적 ───── 四四

자일꿈(子日夢) · 축일꿈(丑日夢) ────── 四四

인일꿈(寅日夢) · 묘일꿈(卯日夢) ────── 四五

진일꿈(辰日夢) · 사일꿈(巳日夢) ────── 四六

오일꿈(午日夢) · 미일꿈(未日夢) ────── 四七

신일꿈(申日夢) · 유일꿈(酉日夢) ────── 四八

술일꿈(戌日夢) · 해일꿈(亥日夢) ────── 四九

三、동토(動土) 및 건축(建築) · 수리(修理)

(1) 동토(動土) ─────────────── 五〇

(2)

백사동토부(百事動土符)――――一五一
채토부(採土符)――――――――一五二
흙 다루는 부적(動土符)―――――一五二
나무다루는 부적(動木符)――――一五三
돌 다루는 부적(動石符)―――――一五三
조왕동토부(竈王動土符)―――――一五四
대장군방(大將軍方) 동토부――――一五四
건축(建築) 및 수리(修理)―――――一五五
개공길리부(開工吉利符)―――――一五五
동토개공부(動土開工符)―――――一五六
수주(竪柱) 및 상량부(上樑符)―――一五七
원행안전부(遠行安全符)―――――一五八

一四、여행(旅行)

여행대길부(旅行大吉符)―――――一五九
불길한 방향으로 여행하는 부적―一五九

```
　　　　수륙원행부（水陸遠行符）――――――――一六〇
　　　　험로안전부（險路安全符）――――――――一六一
　　　　노상횡액（路上橫厄）예방부――――――――一六一
一五、이사（移徙）
　　　　이사탈 소멸부――――――――一六二
　　　　이사편안부（移徙便安符）이사부――――――――一六三
　　　　신옥이사부（新屋移徙符）――――――――一六三
　　　　오귀방（五鬼方）이사부――――――――一六四
　　　　안손방（眼損方）이사부――――――――一六四
　　　　증파방（甑破方）이사부――――――――一六五
　　　　진귀방（進鬼方）이사부――――――――一六五
　　　　퇴식방（退食方）이사부――――――――一六六
　　　　대장군（大將軍）및 삼살방（三殺方）이사부――――――――一六六
一六、부정퇴치（不淨退治）――――――――一六七
　　　　부정을 씻는 부적――――――――一六七
```

一七、 신앙(信仰)과 영혼(靈魂)

부정탈제거부(不淨頉除去符) ……………… 一六九
일체부정(一切不淨) 퇴치부 ……………… 一七〇
인부정(人不淨) 제거부 ……………… 一七一
의관(衣冠) 및 신(鞋) ……………… 一七一
그릇부정(器皿不淨) ……………… 一七二
가마(釜)와 시루(甑) ……………… 一七二
상·벼개·이불·장막 ……………… 一七三
배·수레(舟·車) ……………… 一七三

(1) 신앙(信仰)에 대한 부적
위인염불부(爲人念佛符) ……………… 一七四
부처님의 공덕을 구하는 부적 ……………… 一七四
멸죄성불부(滅罪成佛符) ……………… 一七五
모든 죄를 소멸해 달라는 부적 ……………… 一七六

(2) 영혼(靈魂)을 위한 부적 ……………… 一七七

一八、 장사(葬事)에 대한 부적

　지옥(地獄)을 벗어나게 하는 부적 …………… 一七七
　지옥을 파(破)하고 정토(淨土)에 나오는 부적
　　영생정토부(靈生淨土符) ………………………… 一七九
　분묘개수부(墳墓改修符) ………………………… 一八○
　중상·중·복 예방부(重喪·重·復 豫防符) …… 一八二
　상부정(喪不淨) 예방부 …………………………… 一八三
　광중을 편안케 하는 부적 ………………………… 一八四
　삼살진압부(三殺鎭壓符) ………………………… 一八五
　장사완료부(葬事完了符) ………………………… 一八六
　모탈제거부(墓頉除去符) ………………………… 一八六

一九、 육축(六畜)에 대한 부적
　육축(六畜)이 잘 자라게 하는 부적 …………… 一八七
　돌림병(瘟疫) 방지부 ……………………………… 一八八
　온역퇴치부(瘟疫退治符) ………………………… 一八九

三、 질병(疾病)

(1)
- 질병총부(疾病總符) ·················· 一九三
- 질병불침부(疾病不侵符) ·············· 一九三
- 질병치료부(疾病治療符) ·············· 一九四
- 백병치료부(百病治療符) ·············· 一九四
- 백병예방부(百病豫防符) ·············· 一九五
- 만병통치부(萬病統治符) ·············· 一九六
- 환자보호부(患者保護符) ·············· 一九七
- 생사부(生死符) ······················ 一九八
- 맥(脈)이 뛰지 않을 때 ················ 一九八

- 소병(牛瘟) 고치는 부적 ··············· 一九〇
- 돼지병(猪瘟) 고치는 부적 ············· 一九〇
- 닭·오리병(鷄·鵝鴨瘟) 고치는 부적 ····· 一九一
- 돼지의 태(猪胎)를 보호하는 부적 ······ 一九二
- 개가 땅을 팔때 방지하는 부적 ········· 一九二

(2)

돌림병(瘟疫) ……………………………………… 一九九
학질퇴치부(瘧疾退名符) ………………………… 一九九
염병(炎病) 예방부 …………………………………… 二00
전염병(傳染病) 예방부 ……………………………… 二00
삼십일두병부(三十日得病符) …………………… 二0一

(3)

초일일병(初一日病) / 초이일병(初二日病) … 二0一
초삼일병 / 초사일병 ……………………………… 二0二
초오일병 / 초육일병 ……………………………… 二0三
초칠일병 / 초팔일병 ……………………………… 二0四
초구일병 / 초십일병 ……………………………… 二0五
십일일병 / 십이일병 ……………………………… 二0六
십삼일병 / 십사일병 ……………………………… 二0七
십오일병 / 십육일병 ……………………………… 二0八
십칠일병 / 십팔일병 ……………………………… 二0九
십구일병 / 이십일병 ……………………………… 二一0

(4)

각과치료(各科治療)

항목	페이지
이십일일병/이십이일병	二一
이십삼일병/이십사일병	二二
이십오일병/이십육일병	二三
이십칠일병/이십팔일병	二四
이십구일병/삼십일일병	二五
현기증(眩氣症)	二六
두통(頭痛)	二六
두풍(頭風)	二七
중풍(中風)	二八
풍습(風濕)	二九
한열병(寒熱病)	三〇
한기(寒氣)	三一
화열증(火熱症)	三二
담질(痰疾)	三二

기침(咳嗽)과 담(喘息)	二三
옆구리가 결릴때	二三
위병(胃病)	二三
구토증(口吐症)	二四
가슴앓이	二四
헛배 부를때	二五
복통(腹痛)	二六
토사곽난(吐瀉霍乱)	二七
이질(痢疾)	二七
설사(泄瀉)	二八
변비증(便秘症)	二八
소변불통(小便不通)	二九
대변불통(大便不通)	三〇
간질(癇疾)	三一
딸꼭질(冷呃)	三二

항목	쪽
인후병(咽喉病)	三二
목젖(喉乳) 생긴데	三二
목에 가시 걸린데	三三
혓 바늘	三三
혓바닥 종기(舌瘡)	三四
치통(齒痛)	三四
눈이 아플때	三五
눈물이 자주 나올때	三六
청맹(靑盲)	三六
안종(眼腫)	三六
백응(白膺)	三七
눈이 붉어질때	三七
돌림병	三八
안과치료부(眼科治療符)	三八
코 속의 종기(鼻腫)	三九

코병 치료부	二一九
코피(鼻血)	二二〇
귀가 막혔을때	二二〇
이정치료부(耳錠治療符)	二二一
귀가 아플때	二二二
귀 고름이 날때	二二二
옴(疥) 치료하는 부적	二二三
마른버즘 진버즘	二二三
사마귀(痣)와 혹(瘤)	二二四
치질(痔疾)	二二四
성병(性病)	二二五
피를 토할때(吐血)	二二五
출혈(出血)을 멈추는 부적	二二六
농혈(膿血) 치료부	二二六
종기(腫氣) 치료부	二二七

독종치료부(毒腫治療符) ･･････････ 二四七
악창(惡瘡)치료부 ･･････････････ 二四八
얼굴에 난 종기(面腫) ･･･････････ 二四八
무릎의 종기(膝腫) ･･････････････ 二四九
발바닥 종기(足底瘡) ････････････ 二四九
음낭(陰囊)의 종기 ･･････････････ 二五〇
화상치료부(火傷治療符) ････････ 二五〇
쇠독(鐵毒)올린데 ･･････････････ 二五一
쇠부치에 다친데 ･･･････････････ 二五一
개에 물린데(狗咬) ･･････････････ 二五二
미친개(狂犬)에 물린데 ･･････････ 二五二
독사(毒蛇)에 물린데 ････････････ 二五三
지비(蜈蚣)에 물린데 ････････････ 二五三
벌레(毒虫)에 물린데 ････････････ 二五四
사람에게 물린데 ･･･････････････ 二五四

(5)
- 식욕(食慾)이 없을 때 ·········· 二五五
- 구미(口味)가 돋는 오령 ·········· 二五五
- 놀라서 생긴 병 ·········· 二五六
- 병병(冷病)을 치료하는 법 ·········· 二五六
- 술에 몹시 취했을 때 ·········· 二五七
- 몽정치료부(夢精治療符) ·········· 二五七
- 부녀자의 병 ·········· 二五八
- 부녀백병(婦女百病)치료부 ·········· 二五八
- 월경불순(月經不順) ·········· 二五九
- 대하증(帶下症) ·········· 二五九
- 유종(乳腫) ·········· 二六〇
- 부녀잡증(婦女雜症) ·········· 二六〇

(6)
- 소아병(小兒病) ·········· 二六一
- 수경부(收驚符) ·········· 二六一
- 경기(驚氣) 치료부 ·········· 二六二

젖(乳)을 토할 때 ·········· 二六三
야제부(夜啼符) ·········· 二六三
홍역안전부(紅疫安全符) ·········· 二六五
감적(疳積)치료부 ·········· 二六五
오줌싸개 치료법 ·········· 二六六

二、 충·수해(虫獸害) 및 괴변(怪變)
쥐、뱀、벌레 물리치는 부적 ·········· 二六七
쥐를 쫓는 부적(辟鼠符) ·········· 二六八
날짐승이 못 들어오게 하는 부적 ·········· 二六九
들짐승을 막는 부적 ·········· 二六九
날짐승이 의관에 똥을 떨어 뜨렸을 때 ·········· 二七○
괴물 퇴치부(怪物退治符) ·········· 二七○
나무벌레(木虱)없애는 부적 ·········· 二七一
개미(蟻)를 쫓는 부적 ·········· 二七一

三、기타 비법(秘法) ·········· 二七二

걸음을 빨리 걷는 법 ……………………………… 二七二
밤길에 무섭지 않은 방법 …………………………… 二七三
잠 오게 하는 법(催眠符) ………………………… 二七四
자주 가위 눌릴때 …………………………………… 二七四
정신이 맑아지는 법 ………………………………… 二七五
분실물(紛失物) 찾는 법 …………………………… 二七五
집 잘 팔리는 법 ……………………………………… 二七六
추첨에 당첨하는 방법 ……………………………… 二七六
가출방지부(家出防止符) …………………………… 二七七
방탕(放蕩)을 막는 방법 …………………………… 二七七
자물쇠 푸는 법 ……………………………………… 二七八
결승부(決勝符) ……………………………………… 二七八
헌 물건을 물을때(埋古符) ………………………… 二七九
중요한 물건을 옮겨 놓을때 ……………………… 二八○

二三、 사주관살(四柱關殺)

살(殺)을 제거하는 부적 ················· 二八○
압살부(押殺符) ······················· 二八一
화개살(華盖殺) ······················· 二八二
도화살(桃花殺) ······················· 二八三
검살(刦殺) ························· 二八四
지살(地殺) ························· 二八四
망신살(亡身殺) ······················· 二八五
월살(月殺) ························· 二八五
백호대살(白虎大殺) ···················· 二八六
양인살(羊刃殺) ······················· 二八六
원진살(怨嗔殺) ······················· 二八七
삼형 육해살(三刑·六害殺) ··············· 二八八
오귀살(五鬼殺) ······················· 二八九
매아살(埋兒殺) ······················· 二八九
상문·조객살(喪門吊客殺) ··············· 二九○

二四、 소아관살 (小兒関殺)

- 태음살 (太陰殺) ··· 二九一
- 병부살 (病符殺) ··· 二九二
- 사부살 (死符殺) ··· 二九三
- 관부살 (官符殺) ··· 二九四
- 칠살 (七殺) ··· 二九四
- 투하살 (投河殺) ··· 二九五
- 현량살 (懸樑殺) ··· 二九五
- 야제관 (夜啼関) ··· 二九六
- 계비관 (鷄飛関) ··· 二九七
- 옥분관 (浴盆関) ··· 二九八
- 백일관 (百日関) ··· 二九九
- 천일관 (千日関) ··· 三〇〇
- 단명관 (短命関) ··· 三〇一
- 낙정관 (落井関) ··· 三〇二

수화관(水火関) …… 三〇三
심수관(深水関) …… 三〇四
오귀관(五鬼関) …… 三〇五
염왕관(閻王関) …… 三〇六
귀문관(鬼門関) …… 三〇七
무정관(無情関) …… 三〇八
단장관(斷腸関) …… 三〇九
뇌공관(雷公関) …… 三一〇
탕화관(湯火関) …… 三一一
화상관(和尚関) …… 三一二
급각관(急脚関) …… 三一三
단교관(斷橋関) …… 三一四
금쇄관(金鎖関) …… 三一五
사주관(四柱関) …… 三一六
장군전(將軍箭) …… 三一七

철사관(鐵蛇關)······三八
직난관(直難關)······三九
부적을 만드는 요령······三二〇

一. 만사대길(萬事大吉)

만사대길(萬事大吉)이란 소원성취(所願成就), 벼슬, 재물, 부부화합(夫婦和合), 자손창성(子孫昌盛), 건강(健康), 장수(長壽), 사업대성(事業大成) 등 인간만사(人間萬事) 모든 방면에 있어 길복(吉福)을 초래하고 재앙(災殃)이 침범치 말기를 원하는 것으로써 아래에 있는 여러가지 만사대길부(萬事大吉符) 가운데서 임의로 골라 사용하면 위에 말한 모든 방면에 대길(大吉)하다.

● 만사대길부

● 만사대길부

아래의 부적중 임의로 골라서 주사(朱砂)로 그려 매년 입춘(立春)날 입춘시(立春時)에 '소원성취부' 재수부와 같이 각 一매씩 작성하여 붉은 주머니에 같이 넣어 몸에 지니면 일년중 만사가 형통한다.

(가)

(나)

● 적갑부(赤甲符)

이 적갑부(赤甲符)는 만방(萬方)으로 대길한 부적이다.

이 부적을 그려 몸에 지니고 다니면 항시 선신(善神)이 보호하여 질병이 따르지 않으며, 바다와 육지와 항공여행(航空旅行)에 있어서도 일신의 안전(安全)을 지켜준다. 사업을 경영하거나 직장에 근무하거나 뜻대로 잘 이루어져서 장애없이 진출하므로 부귀 복록을 누린다는 부적이다.

二. 소원성취 (所願成就)

소원(所願)이란 자기가 원하는 것 즉, 제일먼저 이루어지기를 바라는 것으로 사람에 따라 다르기 마련이다. 부귀장수(富貴長壽)에 행복(幸福)한 삶을 누리고자 하는 마음은 누구나 가지게 되는 것이지만 이 모든 것을 한꺼번에 얻기는 매우 어려울 것이다. 여기에서 말하는 소원성취란 자기가 현재 가장먼저 바라는 것, 무엇보다도 꼭 이루어져야 할 일, 예를 들어 취직이 소원이라든가, 재물이 소원이라든가, 좋은 배우자를 만나기를 소원한다 든가, 이 소원이라든가 하는 목적에 사용되는 부적이다.

● 소망성취부

● 옥추 소원부(玉樞所願符)

이는 옥추경(玉樞經)에 있는 소원성취부(所願成就符)이다 이 부적을 써서 봉안(奉安)하고 마음에 드는 경(經)을 읽으면 소원이 쉽게 이루어지고 또는 건강 장수 한다.

〈玉樞‧招九灵三精符〉

● 칠성부(七星符)

이 칠성부를 그려 봉안(奉安)하고 정성껏 기도하면 자기의 소원이 이루어진다.

아래는 각 생년(生年)에 따라 소속된 칠성부(七星符)이다. 생년별 찾아 같이 사용하면 더욱 효력이 신비할 것이다.

(43)

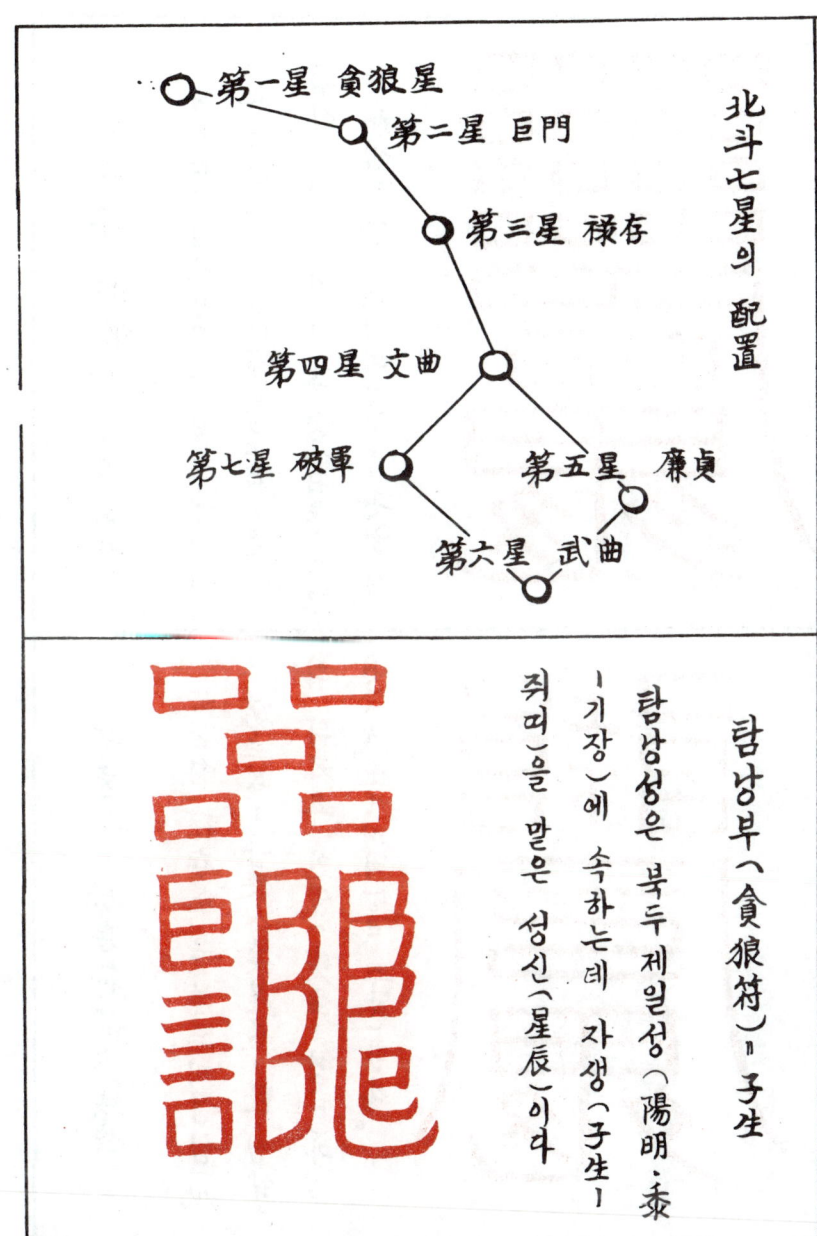

北斗七星의 配置

第一星 貪狼星
第二星 巨門
第三星 祿存
第四星 文曲
第七星 破軍
第五星 廉貞
第六星 武曲

탐낭부(貪狼符)=子生

탐낭성은 북두 제일성(陽明·秦
一기장)에 속하는데 자생(子生一
쥐띠)을 맡은 성신(星辰)이다

거문부(巨門符)=丑亥生

거문성(巨門星)은 북두제이성(北斗第二星-陰精元星君-粟ヘ좁쌀)의 위치요 축생(丑生-소띠)과 해생(亥生-돼지띠)을 주관한다.

녹존부(祿存符)=寅戌生

녹존성(祿存星)은 북두제삼성(北斗第三星-三變人貞星君-粳-멥쌀)의 위치요 인생(寅生-범띠)과 술생(戌生-개띠)을 주관한다.

문곡부(文曲符) = 卯酉生

문곡(文曲)은 북두제사성(北斗第四星 – 玄冥紐星君 – 麥·보리)의 위치요 묘생(卯生 – 토끼띠)과 유생(酉生 – 닭띠)을 주관한다.

염정부(廉貞符) = 辰生

염정(廉貞)은 북두제오성(北斗第五星 – 丹元剛星君 – 麻子 – 삼씨)의 위치인데 진생(辰生 – 용띠)을 말은 성신이다.

무곡부(武曲符) = 巳未生

무곡(武曲)은 북두제육성(北斗 第六星 — 北極紀星君+)의 위치인데 사생(巳生 — 뱀띠)과 미생(未生 — 양띠)을 주관한다.

파군부(破軍符) = 午生

파군(破軍)은 북두제칠성(北斗 第七星 — 天關關星君 — 小豆)의 위치인데 오생(午生 — 말띠)을 말은 성신이다.

- 목적(目的)을 달성시키는 부적

이 부적을 써서 몸에 지니면 목적이 쉽게 달성한다.

日日日尸田鬼唵急如律令

- 계획을 성취시키는 부적

이 부적을 써서 몸에 지니면 마음먹은 일이 이루어진다.

尸田鬼
日日日 唵急如律令

● 합격부 (合格符)

입학시험 (入學試驗) 또는 취직시험 (就職試驗) 또는 기타의 모든 시험에 합격하기를 바라거나 출마 (出馬) 하여 당선 (當選) 되기를 원하는 사람은 아래 부적을 써서 몸에 지니면 섬중팔구 합격되거나 당선된다고 한다.

또는

(49)

● 장해물(障害物) 제거하는 부적

소원을 성취하려 하거나 목적을 달성하려는 일에 장해물이 생기던지 방해자(妨害者)가 있어 진행이 어려워질때, 이 부적을 써서 몸에 지니면 자연히 장해물이나 방해자가 사라지고 소원이 성취된다(소원성취부와 같이 지니면 더욱 좋다)

田間 日
日 吕吕
吕 吕吕 山田
   吕吕尸隱急如律令
   吕吕日田

三、안택(安宅)

안택(安宅)이란 집안 즉 가정(家庭)을 편하게 한다는 뜻이다. 다시 말하여 가정의 평화 및 안전을 유지시키려는 목적에 쓰이는 부적인데 첫째 집안에 우환질고(憂患疾苦)가 침범치 말아야 하고, 둘째 가정의 번창과 재산이 늘어야 하며, 셋째로는 집안에 모든 상서롭지 못한 일이 생기지 않도록 예방하거나 질병, 손재, 실패, 불화 등이 이르렀을 경우 이러한 재난(災難)을 물리치려면 아래의 부적을 임의로 선택 사용하라.

● 가택 편안부(家宅便安符)

(51)

● 안택부(安宅符)

아래에 있는 부적 가, 나 중에 임의로 골라 주사(朱砂)로 그린 뒤 내실문(内室門) 벽 위에 붙여두면 우환질고와 모든 재앙이 사라지고 경사가 이르며 부귀장수(富貴長壽)한다.

(가)

(나)

● 안택부 (安宅符)

안택고사 (安宅告祀)를 지내거나 안택경 (安宅經)을 읽을때 아래 부적을 써서 방 (房-방 수대로) 부엌, 창고에 붙여두고 안택고사를 지내면 잡귀가 물러가고 걸복이 이른다고 한다.

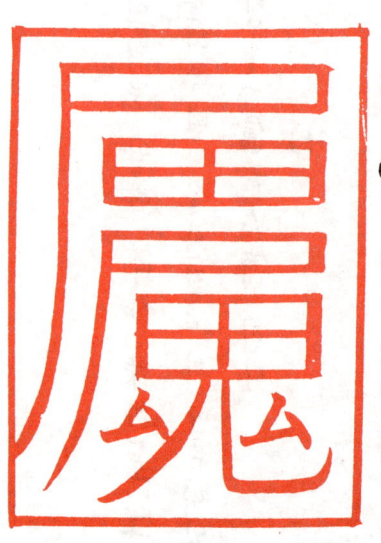

(가)

(나)

● 우환(憂患) 소멸부

집안에 근심걱정이 이르거나 생길 징조가 보일 때 이 부적을 써서 내실 문 위에 붙여두면 우환이 사라지고 대길하다.

● 가액(家厄) 퇴치부

집안에 우환질고가 생기거나, 부부, 형제, 자손의 불화 혹은 순재구설이 생겼을 때 이 부적을 써서 내실 문 위에 붙이면 모든 가액(家厄)이 사라진다.

● 가내대길부 (家内大吉符)

이 부적을 써서 대문(大門)에 붙여두면 모든 재앙이 침범하지 않으며 질병과 근심이 사라질 뿐 아니라 집안이 화목하고 재산이 늘어나며 육축이 번성하고 자손이 창성한다.

● 오방신(五方神) 수호부

오방(五方)이란 동(東), 남(南), 서(西), 북(北), 중앙(中央)의 다섯 방위인데 각 방위마다 주관하는 신장(神將)이 있다는 것이다. 이 부적을 써서 집안 각처(五方)에 붙이면 집안이 안락하다는 것이다

동방신 수호부(東方神 守護符)

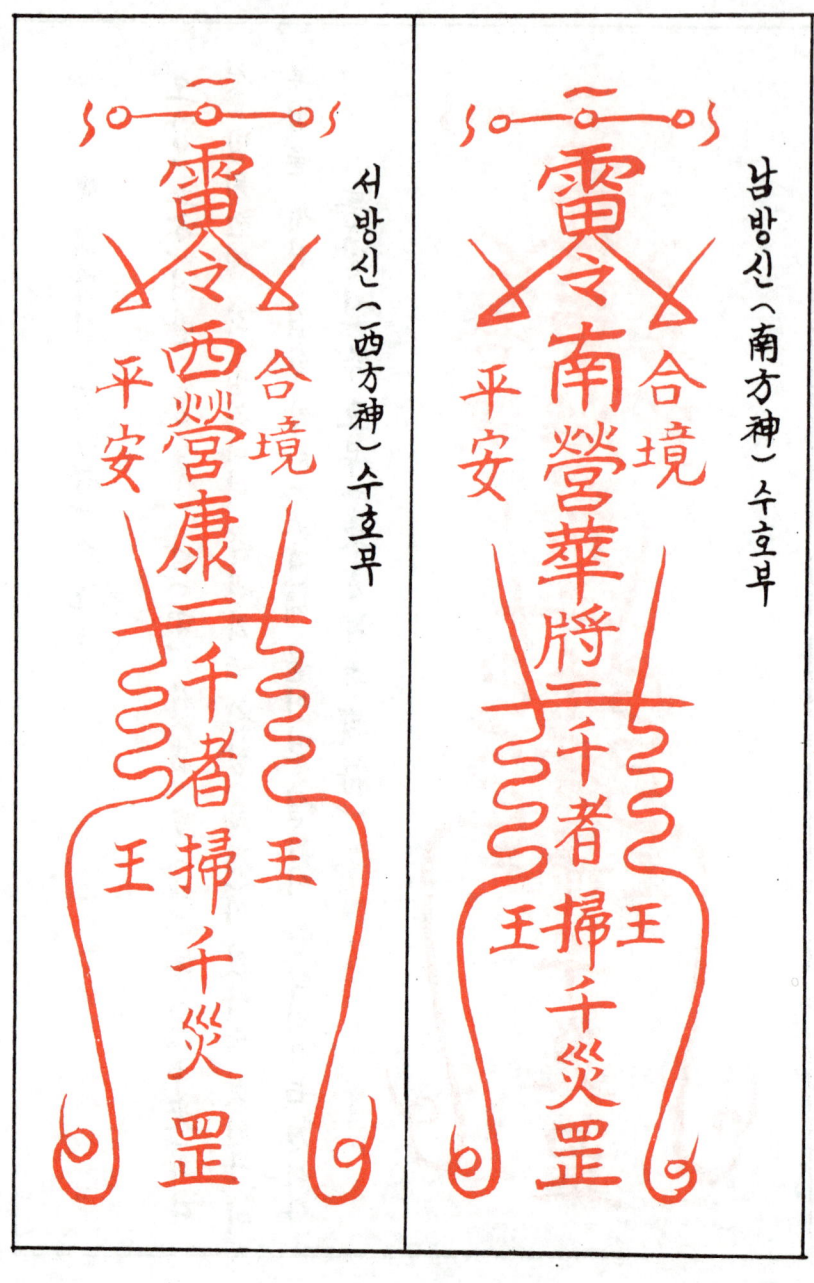

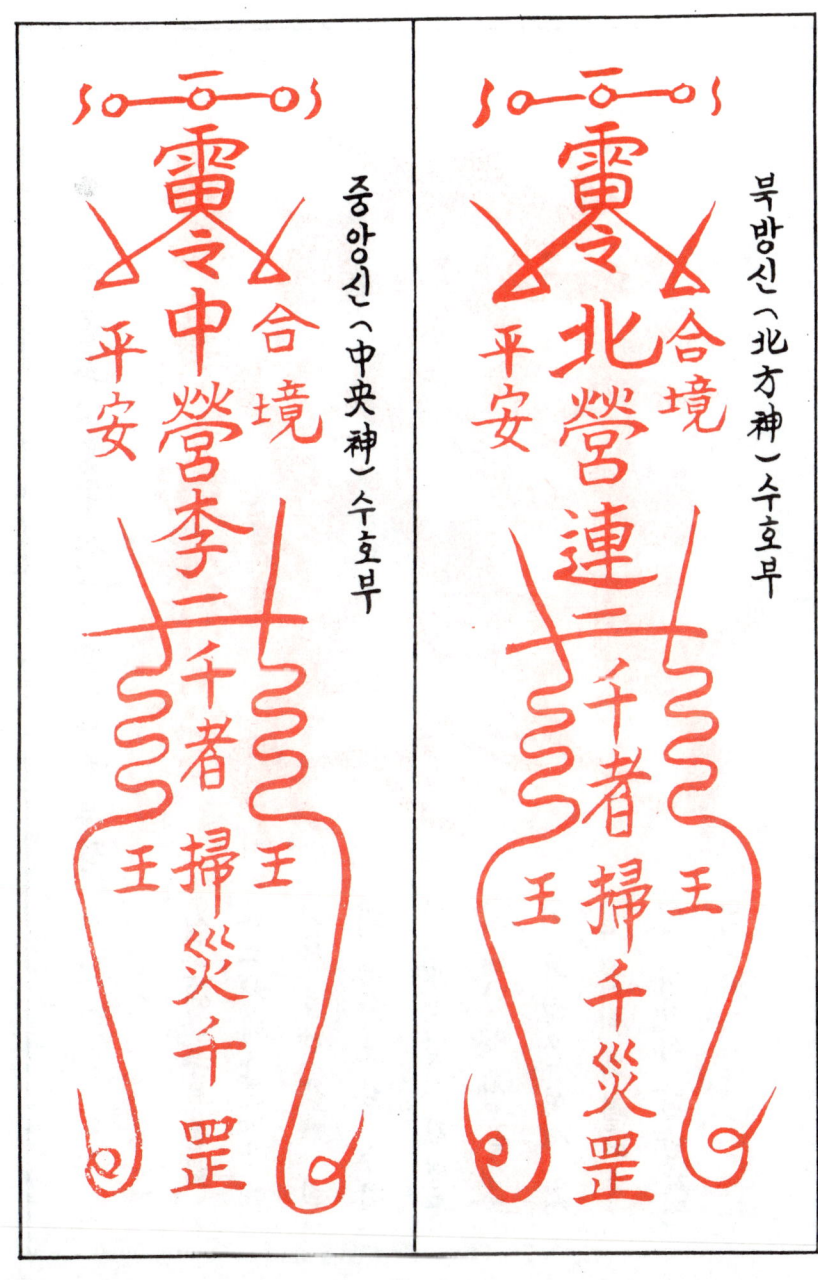

● 가정불화(家庭不和)를 방지하는 부적

急急 如律令

집안에 부부불화、부모 형제 불화가 있거나 도난(盜難) 실패、관재 구설、수화재(水火災)、질병등의 재난이 생길경우 이 부적을 써서 내실 문 위에 붙여두면 집안이 편안해진다.

● 친척화목부 (親戚 和睦符)

친척(親戚) 즉 외가 (外家), 처가(妻家) 또는 삼사촌(三四寸) 이상 당내 팔촌(八寸) 이내의 친족간에 화목치 못하거나, 매사에 장애가 끼어 손재(損財)가 있을때, 위 부적을 그려 내실문 위에 붙여두면 대길하다.

四. 신수(身數)

신수(身數)란 일신에 대한 안전(安全)의 길흉(吉凶)을 총칭하는 말인데, 운명학(運命學)의 판단으로 삼재(三災) 및 관재(官災), 구설수·화재(水·火災), 실물(失物), 질병(疾病) 등의 징조가 있을때 이를 예방하거나, 위와 같은 액들이 이미 닥쳐왔을때 아래에 있는 부적들 가운데서 적당히 골라 사용하면서 화위복(轉禍爲福) 할 것이다.

(1) 신수총부(身數總符)

● 도액부(度厄符)

위의 부적은 어떠한 액을 막론하고 종합적으로 사용하는 것으로 해당되는 부적과 같이 쓰면 대길하구

태세부 (大歲符)

운명학적인 판단에 의하여 당년의 신수가 불길하다고 단정을 내렸을때 이 부적을 그려 봉안(奉安)해 놓고 기도를 드린 다음 떼어서 몸에 지니면 일신상에 재앙이 침범지 않는다.

太陽星君
南斗星君勅六甲神將勅天宝賜福勅鎮宅光明
唵佛勅太歲○○年(干支) 星君到此鎮
北斗星君勅
太陰娘娘令 六丁天兵勅令招財進宝勅合家平安

● 재앙(災殃)과 횡액(橫厄)을 면하는 부적

운명학적인 판단에 의하여 신수가 불길하다고 판단이 내려지거나 사업이나 생활관계나 직업상 위태로움이 있거나, 위험의 불안이 있는 사람은 이 부적을 써서 항상 몸에 지니라. 특히 단명(短命)과 횡액수를 면하고 불의의 실패와 재난을 당하지 않는다 (이는 玉樞符인데 短命數, 橫死數를 방지하는데 쓰이는 부적이다)

(2) 삼재부(三災符)

삼재(三災)는 포태법(脆胎法)으로 병궁(病宮-병들어), 사궁(死宮-죽어서), 장궁(葬宮-장사지낸다)에 닿는 해(年支)인데, 이를 풀이하라면 삼재가 처음 드는해(入三災)에 병들어서, 삼재드는 다음해(中三災)에 죽어서, 삼재가 나가는 해(出三災)에 장사지낸다는 것으로 삼재년에 임하면 신액(身厄)이 끊지지 않고 질병(自身이 아니면 家族), 손재, 관액, 구설, 수화재(水火災), 도난 등의 액이 따르고 심한 경우는 생명의 위험(자신이 아니면 가족)을 받는다는 것이다.

삼재가 드는 해는 다음과 같다.

申子辰生 = 寅卯辰年
巳酉丑生 = 亥子丑年
寅午戌生 = 申酉戌年
亥卯未生 = 巳午未年

● 옥추삼재부(玉樞三災符)

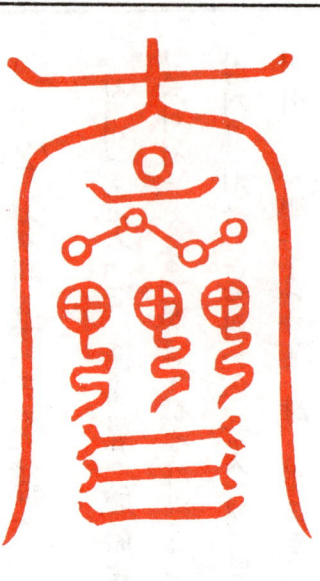

이는 옥추경(玉樞經)에 있는 부적으로 항상 몸에 지니고 있으면 삼재팔난(三災八難)이 침범치 못하고 귀사(鬼邪)가 범접못하며 관재 구설이 자연히 소멸한다.

● 삼재퇴치부(三災退治符)

삼재운이 드는 사람은 삼재가 드는해 정초(正初)에 이 부적을 써서 몸에 지니면 삼재로 인한 모든 액이 자연히 사라진다.

● 삼재소멸부(三災消滅符)

이 부적을 써서 몸에 지니면 삼재가 소멸한다. 매년 정월 초하루날에 지녔다가 섣달 그믐날에 불에 태워 버린다.

● 입 삼재부(入三災符)

이는 삼재가 들어오는 해(入三災年)에 쓰는 부적으로 위의 삼재부 석 가운데서 적당히 골라 삼재 드는 해에 같이 지니면 대길하다.

● 묵은삼재부적 (中三災符)

삼재가 묵는해 즉 삼재가 처음 드
는 다음해에 입춘날 입춘시에 이
부적 三매를 그려 현관, 침실문위에
각각 붙이고 한장은 몸에 지닌다.

● 출 삼재부 (出三災符)

이 부적은 삼재가 나가는해 즉 삼
재가 들기 삼년째 드는 해에 다른
부적 (三災符)과 같이 몸에 지니
면 아무 재앙이 없이 지낸다.

(3) 관재·구설·송사 (官災·口舌·訟事)

● 관재소멸부 (官災消滅符)

운명학상 관재수가 있다고 판단되거나 현재 관액 (官厄) 에 처해 있을때 이 부적을 몸에 지니면 관액이 사라진다.

(가)

(나)

● 관액 방지부 (官厄防止符)

운명학의 판단으로 관액(官厄) 혹은 형액(刑厄) 수가 있거나 고의(故意) 또는 과실(過失)로 법(法)에 저촉되는 행위를 저질르든 뒤장차 그 벌(罰)을 받게 될 경우 이 부적을 몸에 지니면 벌이 가벼워지거나 면죄(免罪)된다.

(가)

(나)

● 관재구설(官災口舌) 예방 및 소멸부

신수가 불길하여 관재수 혹은 구설수가 있거나, 현재 관재구설에 처하여 있거든 이 부적을 써서 몸에 지니면 관액이나 구설수가 이르지 않으며, 또 자연히 이러한 재화(災禍)가 소멸된다고 한다.

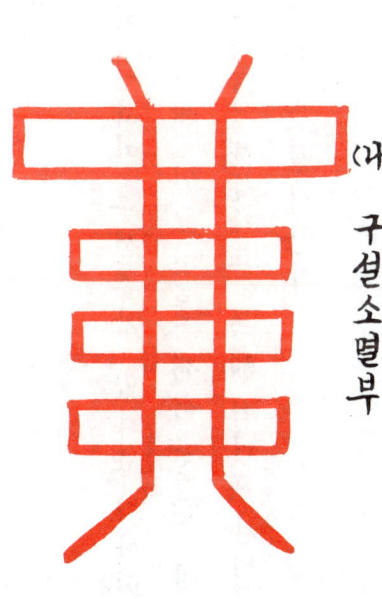

(가) 관재구설 소멸부

(나) 구설소멸부

● 구설소멸부(口舌消滅符)

운명학적(運命學的)인 감정에 의하여 구설수가 있다고 판단되거나, 구설을 듣게 될 염려가 있을때 이 부적을 써서 집안 내실 문 위에 붙여두면 가정의 구설이 사라지고, 몸에 지니고 다니면 자신(自身)의 구설수를 예방 또는 소멸시킨다.

月　星　月
品弓品　品弓品
　　品弓王　크如夫和合且八日月隱急如律令

● 송사(訟事) 및 시비(是非)를 면하는 부적

운명학적인 감정에 의하여 송사와 시비수가 있다고 판단되거나, 현재 송사중에 있던지 자의(自意) 타의(他意)를 막론하고 시비(是非-싸움)가 일어날 징조가 있을때, 이 부적을 몸에 지니면 송사는 말썽 없이 해결되고 시비구설(是非口舌)은 자연히 물러간다.

● 관재(官災)·구설(口舌)·송사(訟事)·시비(是非) 소멸부

사주(四柱)나 일년신수(一年身數)에 관재·구설·소송·시비수가 있거나, 직장이나 사업장에서 피아(彼我)의 과실 여부를 막론하고 위와 같은 일이 발생할 우려가 있을때 이 부적을 써서 몸에 지니면 미연(未然)에 방지되고, 또는 원만하게 해결 된다.

● 시비(是非) 소멸부

이 부적은 시비쟁송(是非爭訟)을 퇴치시키는 방법이다. 사람에 따라서는 별다른 잘못이 없는데도 까닭없이 남의 미움을 받거나 오해로 인하여 남 달리 시비구설이 이르는 경우가 있다. 이러한 사람은 항시 몸가짐을 단정히 하고 말을 조심하여 되는데 그래도 시비가 발생하거든 위의 관재·구설·송사·시비부 일매와 이 부적을 써서 몸에 지니면 이러한 액이 자연히 사라진다.

召鬼尸鬼急急如律令

● 소송부(訴訟符)

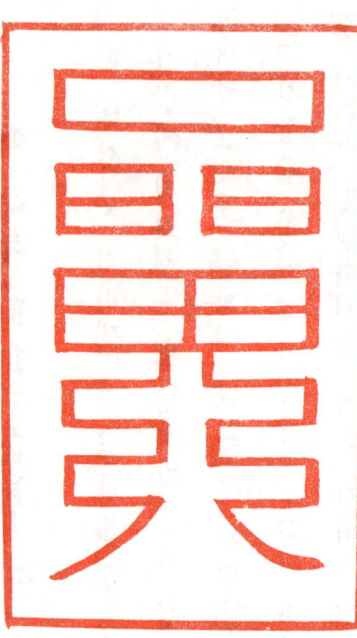

소송(訴訟)을 제기(提起)하거나 타인(他人)에게 소송을 당한 경우 아래에 있는 부적을 몸에 지니고 출두(出頭)하면 법정에서 自己에게 유리한 판결(判決)이 내려진다.

아래에 있는 이걸승(勝자를 손에 쥐고 법정에서 진 술하면 소송에 이긴다.

(4) 수재(水災) 및 화재(火災)

수·화재(水·火災)란 자신(自身)이 직접 물에 빠지고, 불에 데는 액을 말하는 것 뿐이 아니고, 전답(田畓), 가옥(家屋) 임야(林野) 육축(六畜) 등도 수화(水火)로 인한 재산상의 손실을 포함한다.

● 수·화재(水火災)예방부

명리학상 수액(水厄)이나 화재(火災)가 있다고 판단된 경우와, 가뭄(旱害), 장마(洪水)로 인한 농작물(農作物), 가옥, 토지(土地의 피해를 방지하는 부적이다.

● 수액(水厄)을 예방하는 부적

역리학(易理學)으로 추리하여 수액(水厄) 및 홍수(洪水)로 인한 재난이 있다고 판단되거나 장마로 인한 홍수의 피해가 있을까 근심되거나 어업(漁業) 항해(航海) 도강(渡江) 등에 일신의 안전을 도모하고자 하는 것 등에는 이 부적을 몸에 지니면 수액(水厄)을 면한다.

● 화액(火厄) 및 화재예방부

운명학적인 판단에 의하여 화액(火厄-燒死·火傷)이나 화재(火災-建物·店鋪·工場·旱災)가 있다고 판단되거나 화재수가 있을염려가 될 경우 이 부적을 몸에 지니거나, 화재의 우려가 있는 곳(건물·가옥·점포·공장 등)에 붙여두면 화액 및 화재수를 면한다.

往宋名无忌
知君是火精
大田輪王勅

(5) 손재(損財) 및 실물부(失物符)

운명학적(運命學的)인 감정에 의하여 손재수(損財數) 혹은 실물수(失物數) 또는 도난수(盜難數)가 있다고 판단되거나, 사업상 재산의 손실을 막고자 할때는 아래에 있는 부적을 적당히 골라 사용하라.

● 손재수 방지부

사주나 신수에 손재수가 있거나 사업상 재산을 보호하고자 할 때에는 이 부적을 몸에 지니거나 사업장소에 붙여두면 재산의 손실을 막는다.

● 실물 방지부

실물(失物) 수가 있거나 실물할 우려가 있는 경우 이 부적을 두장써서 한장은 내실(內室)에 붙이고 한장은 몸에 지니면 실물수가 소멸된다.

● 실물(失物) 찾는부

이 부적을 아궁이 안에 넣고 주문을 외우면 분실물이 되돌아온다.

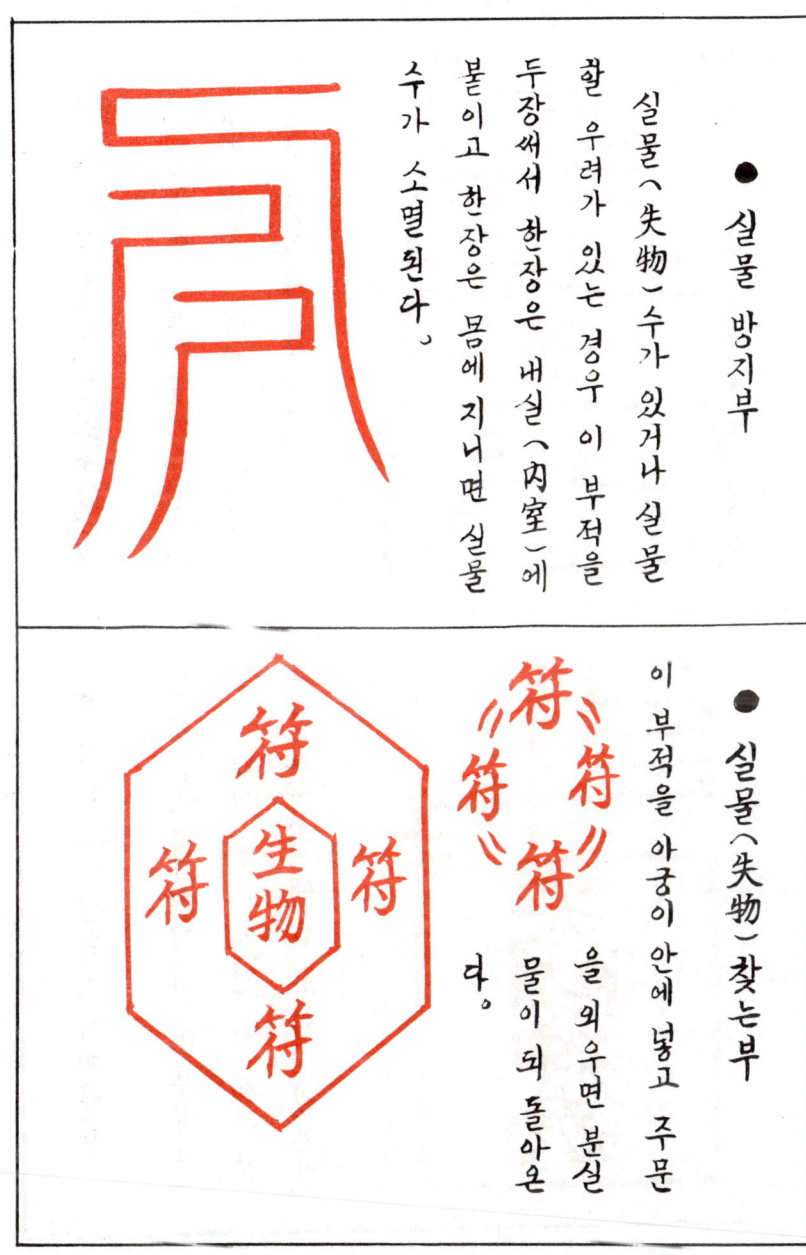

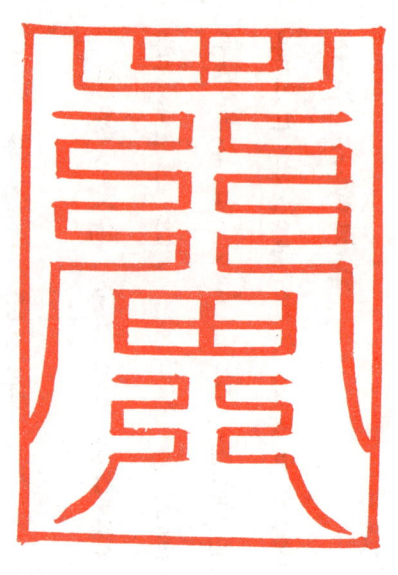

● 도적불침부(盜賊不侵符)

이 부적을 집에 붙여두면 도적이 들지 않으며 몸에 지니면 날치기 등을 당하지 않는다.

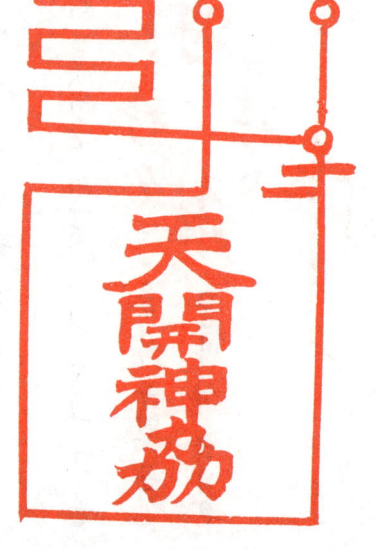

● 강도(强盜)및 도적예방부

위의 도적불침부와 이 부적 한 장을 같이 붙여두면 일체의 강도나 도적의 액을 당하지 않는다.

● 도적이 스스로 나타나는 부적

이 부적을 써서 도적이 달아난 발자욱 흔적을 찾아 그곳에 불여두면 신비하게도 달아났던 도적이 훔친 물건을 가지고 제발로 다시 찾아와 자백(自白)한다고 한다.

唵急如律令

(6) 질병(疾病)과 횡액(橫厄)예방

● 질병불침부(疾病不侵符)

운명학상 신수가 병액(病厄)이 따른다고 판단되거나, 질병이 생길 우려가 있거나, 현재 질병중에 있는 경우는 이 부적을 써서 몸에 지니라 능히 질병을 예방할 것이요 질병중에 있더라도 기타의 근러갈 것이며 따라서 기타의 근심걱정과 재난이 사라지고 복록이 이른다고 한다.

● 교통액(交通厄) 방지부

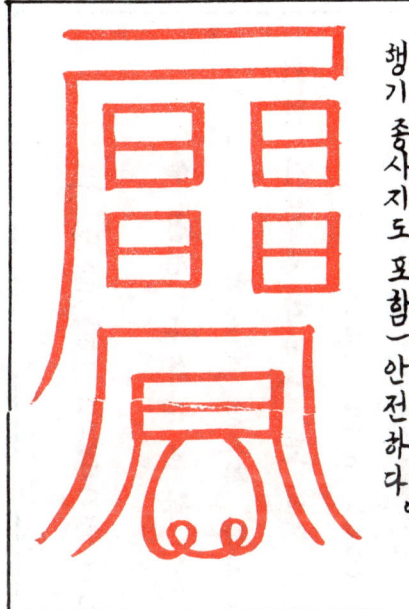

신수가 황액이 있다고 판단되거나 차(車) 선박(船舶) 항공기(航空機)의 사고를 미연에 방지하려면 이 부적을 몸에 지니면 (운전사, 선원, 비행기 종사자도 포함) 안전하다.

● 벼락(雷電)을 막는 부적

신수가 불길할 때는 뜻 밖의 횡액이 생길 우려가 있다. 이 부적을 몸에 지니면 벼락의 액이 침범치 않는다고 한다.

五、벼슬(官)·직업(職)·시험(試驗)

● 관직 구하는 부적(大招官職符)

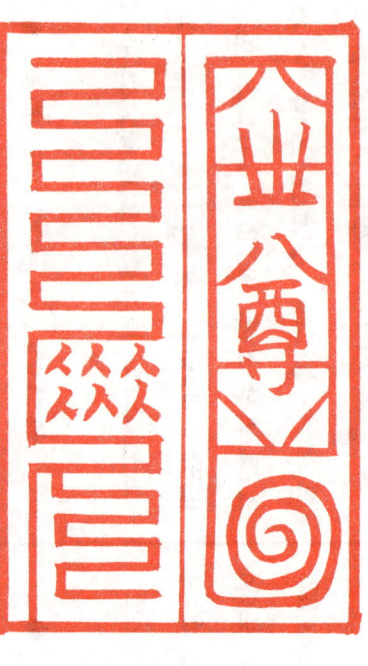

이 부적은 벼슬을 얻고자 하거나, 직장을 구하거나, 진학(進學)을 위한 시험을 치거나, 또 이러한 목적을 성취하기 위하여 윗 사람에게 부탁하거나, 또는 당선(當選)을 목적으로 공관직(公官職) 및 기타 단체 관계에 출마(出馬)하게 될 경우 이 부적을 써서 몸에 지니고 있으면 뜻하는 바가 잘 이루어진다.

● 귀인(貴人)을 면접(面接)하는 부적

귀인이란 나에게 도움이 되어 줄수 있는 능력자를 말한다. 벼슬을 구함에는 자기가 원하는 관청의 우두머리, 또는 회사의 회장(會長) 사장(社長)이며 직업을 구함에는 직장의 우두머리를 말한다.

● 합격부(合格符)

공무원채용시험, 고시(考試) 취직시험, 입학시험 혹은 출마(出馬)에 임한 경우에 이 부적을 몸에 지니고 응시(應試)하면 합격이 수월하다고 한다.

六、 재산(財産) 및 사업(事業)

재산이란 금은보화(金銀寶貨), 지폐, 토지(土地) 가옥(家屋) 등을 말하는 것이며, 사업이란 이 재산을 모이기 위하여 경영하는 행위이다. 따라서 사업이 번창함으로써 재산은 자연적으로 늘게 되는 것이다.

● 재수대길부(財數大吉符)

이 부적을 두장을 그려 한장은 내실(內室) 문 위에 붙이고 한장은 몸에 항상 지니고 다니면 손재수가 없을 뿐 아니라 재수가 대통하다.

● 재수대통부 (財數大通符)

이 부적을 몸에 지니면 재수가 대통하여 금전거래가 순조롭고 경영하는 사업에 이익이 많으며 여행중에도 이익이 따른다. 그리고 장사하는 사람이 영업장소에 남이 잘 보이지 않는 곳에 붙여두면 찾아오는 손님이 많아 장사가 잘 된다.

이 부적을 소원성취부 나 만사대길부와 같이 사용하면 그 효험이 더욱 좋다고 한다.

● 재리부(財利符)

이 부적 三장을 써서 한장은 집안에 붙이고, 한장은 (店鋪·工場·事務室·혹은 機械類)에 붙이면 사업이나 장사가 잘 되어 이익이 날로 늘어난다.

● 재보자래부 (財寶自來符)

이 부적은 노랑색 한지 (韓紙-창호지)에 붉은 글씨로 써서 몸에 지니면 재물보화 (財物寶貨)가 자연히 이른다.

昌三隱 明女王 急如律令
肙三隱 急如律令

(90)

● 금은자래부커부

이 부적을 써서 내실(內室)보이지 않는 곳에 붙여두면 금은보화(金銀寶貨)가 자연 이르고 부커장수 한다는 것이다.

● 구재산부(救財産符)

도산(倒産)의 위기(危機)에 처한 사람이 이 부적을 써서 몸에 지니면 파산(破産) 직전에서 재산을 건지게 된다는 것이다.

● 실패(失敗)를 방지하는 부적

사업(事業 — 또는 장사)을 처음 시작하거나 증자(增資) 또는 변경(變更)하거나, 기타의 모든 일을 추진하려 할때, 그리고 이미 추진 중에 있을때 경영주 자신이 이 부적을 지니면 낭패없이 잘 운영된다고 한다.

● 사업흥왕부 (事業興旺符)

이 부적을 써서 내실(內室) 문 위에 붙이면 사업이 흥왕하고, 장사가 잘 되며, 집안 식구가 건강하고 또는 자손이 창성하며 가축(家畜)이 번성한다.
따라서 집안에 경사와 복록이 이른다는 것이다.

● 복운부（福運符）

이 부적을 그려 집안 동남쪽 벽 위에 붙이면 복과 운수가 대통한다.

囲囲女王急急如律令

● 번영부（繁榮符）

이 부적을 내실 문 위에 붙여두면 집안이 번영한다.

天天風來人來隱急如律令

● 중악부 (中岳符)

장사가 잘 되고 손님이 많이 생기는 부적이다. 이 부적을 그려 점포안에 붙여두면 장사가 잘 되고 이익이 늘어간다. 따라서 집안이 평안하고 우환이 침범치 않는다.

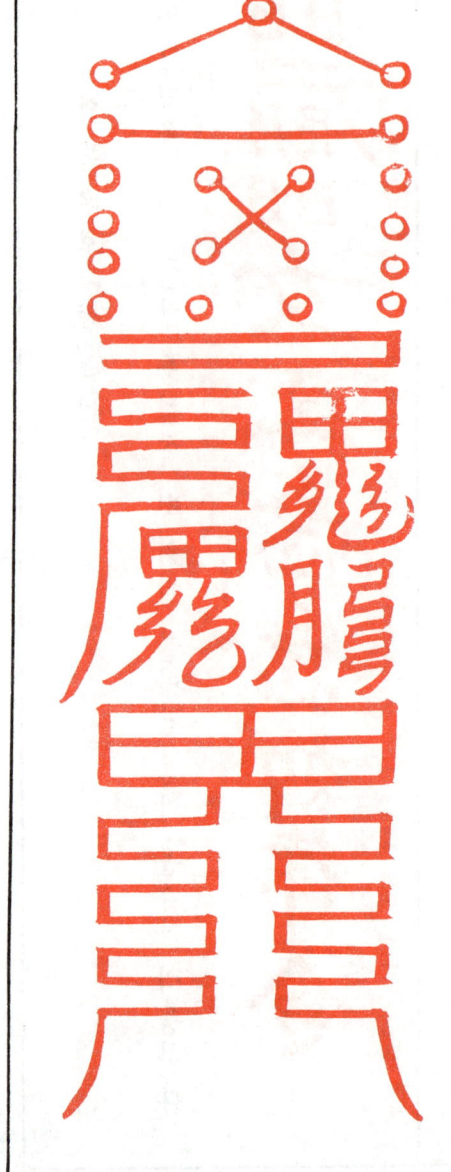

七、부부(夫婦)와 애정(愛情)

(1) 부부에 대한 부적

● 부부화합부(夫婦和合符)

(가)

이 부적은 현재 부부간에 불화(不和)하거나, 아직 부부 사이가 나쁘지 않더라도 장차 있을지도 모를 부부 불화를 방지하고 영원한 화목(和睦)을 위하여 쓰이는 부적이다.

● 부부불화 (夫婦不和) 방지부

부부(夫婦)가 화목함은 한 집안의 평화를 유지하는 근본이다. 그러므로 부부가 화목한 가정은 모든 일이 순조로와지고 따라서 집안이 번창하는 것이다. 그러나 부부 사이가 좋지 못하여 싸움이 자주 일어나거나 찬바람이 일어나는 집안은 도무지 잘 되어 나가는 일이 없기 마련이다. 이 부적을 써서 「부부화합부」와 같이 남녀가 각각 지니면 부부간에 의사가 합치되고 미운마음이 자연 사라진다.

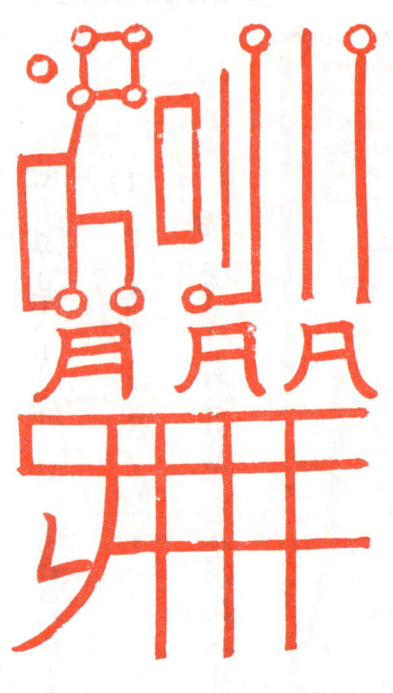

● 부부자손 화합부

이 부적을 써서 내실문 위에 붙이면 부부(夫婦)와 자손(子孫)이 화합하고 온 집안에 재난이 없이 태평하다.

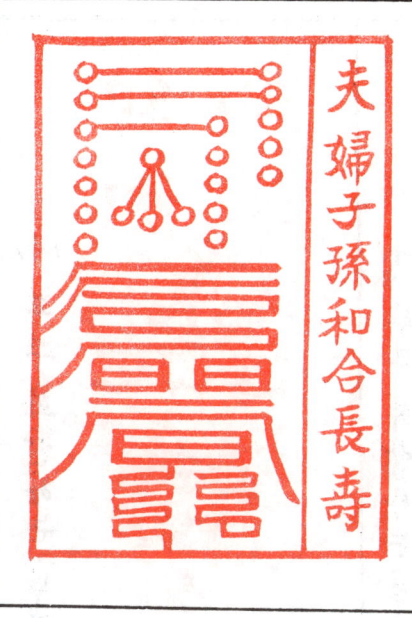

● 부부 해로부(夫婦偕老符)

사주(四柱) 추리에 부부해로가 어렵다고 판단되거나 고신·과숙살이 있으면 그 살을 막는 부적과 같이 일년마다 새것으로 삼년간 지니면 부부가 해로한다.

(나) 부부 화합하는 부적

和和和
鬼品
品隱急如律令

(다) 부부 화합하는 부적

(라) 화합부

● 애정(愛情)이 두터워지게 하는 부적

접어서 봉투에 넣고 몸에 지닌다

● 권태증 (倦怠症) 방지부

부부간에 권태증이 생겼거나 권태증이 생기지 않도록 미리 방지하려면 이 부적을 써서 동침하는 이부자리 속에 넣어두면 신효하다.

(가) 蒼龍男

(나) 朱雀 貼吉 鳳

● 바람피우는 것을 방지하는 부적

(가) 남편이 바람 피울때

이 부적을 써서 남편 모르게 베게 속에 「부부화합」부와 같이 넣어 두면 곧 효력이 있다.

(나) 아내가 바람 피울때

아내가 바람기가 있거든 화합부 一매와 이 부적 一매를 상대방(아내) 모르게 그의 베개속에 넣어두라.

● 첩(妾)을 못 얻게 하는 부적 (첩 떼는 부적)

본처(本妻)의 입장에서 남편이 첩을 얻었거나 얻고자 하거나 첩을 염려가 있을때 이를 방지하는 부적이다. 이 부적을 남편 옷 속에 넣어두면 (모르게) 첩을 얻지 않으며, 이미 얻은 첩을 떼려면 쥐꼬리 3개와 고양이 꼬리 3개를 부적과 같이 싸서 남편 옷 속에 (모르게) 넣어두면 신효하다.

(가)

(나)

(2) 연애(戀愛)와 결혼(結婚)

● 인연부(因緣符)

연애하려는 상대자가 없는 경우, 또는 혼담(婚談)이나 약혼(約婚) 등이 잘 이루어지지 않을때 이 부적을 지니면 좋은 인연을 만나고 약혼 및 혼담이 잘 이루어진다.

〈가〉 인연부

玄丁火閂閂尺唅急如律令

(나) ― 특히 이 부적은 여자와의 인연이 빈약한 사람이 지니면 대길하다.

咒者咒者咒者 隱急如律令

(다) 인연부

咒尸燃而思鬼鬼隱急如律令

(105)

(라) 인연부 (좋은 인연을 맺게 해달라는 부적)

口者
口者 冕
口品口
口用用用 隱急如律令

(마) 인연부 (인연과 사랑이 두텁게 해달라는 부적)

月品口品
日星
月品弓品 コ如夫和具月隱急如律令

(바) 인연부 (반드시 인연을 맺게 해 달라는 부적)

尸田鬼
月月月 唸急如律令

(사) 인연부 (특히 여자가 남자와 인연을 만나게 해달라는 부적)

尸田鬼
日日日 唸急如律令

● 짝사랑이 이루어지는 부적

남녀를 막론하고 짝사랑을 이루고 싶거나, 실연을 당하였거나, 교제중 서로 거리가 멀어진 경우 이 부적에 쌍방의 성명과 생년월일시를 정확히 쓰고 칠일간 지녔다가 꺼내어 불사르며 마음에 드는 경문을 읽으면 남녀가 정이 화합(和合)하여진다.

和
合仙師勅令
和合永遠相思恩愛善氣罡
男姓名○○○ 年月日時
女姓名○○○ 年月日時
順

● 결혼성취부 (結婚成就符)

자기가 좋아하는 상대와 결혼이 이루어지지 않거나, 혼담(婚談)에 장애가 생겨 혼인이 늦어지거나, 중매(仲媒)가 없어 결혼을 못하는 사람등은 이 부적을 써서 몸에 지니면 곧 결혼이 성립되고 결혼후에도 부부의 금슬이 좋다고 한다.

● 애정독점부 (愛情獨占符)

이 부적은 이성(異性)의 사랑을 독차지 하고 싶을때 상대방의 생년월일 부적옆에 써서 몸에 지니거나 베개속에 넣고자면 신효하다.

● 교제를 끊는 부적

남녀가 교제하다가 상대방이 싫어져서 끊으려 하는데도 상대방에서 응해주지 않을때는 이 부적을 써서 항상 몸에 지니면 상대가 자연히 물러간다.

八. 자손 (子孫)

● 자손 구하는 부적

자손이 아직 없어 두기를 원하는 사람은 이 부적을 써서 이부자리 속에 넣어두면 자손을 둔다 한다

● 아들 잉태하게 하는 부적

이 부적을 써서 은도기를 싸가지고 이부자리에 넣은 뒤 부부가 동침하면 곧 아들을 잉태한구.

● 자손실패(子孫失敗) 방지부

혼인후에 자식을 낳아 기르다가 자주 실패하거나、사주학추리 (四柱學推理) 판단에 의하여 자손의 실패살이 있거나、혼인후에 三四년이 지나도록 태기(胎氣)가 없는 사람은 이 부적을 그려 (朱砂로) 동쪽으로 뻗어나간 복숭아나무 가지를 꺾어다가 부적종이 밑에 「大將軍」이라 써서 매어달고 七일간 지붕위에 꽂아두면 실패수를 면하고 끝귀 자를 낳아 탈없이 잘 기른다고 한다。

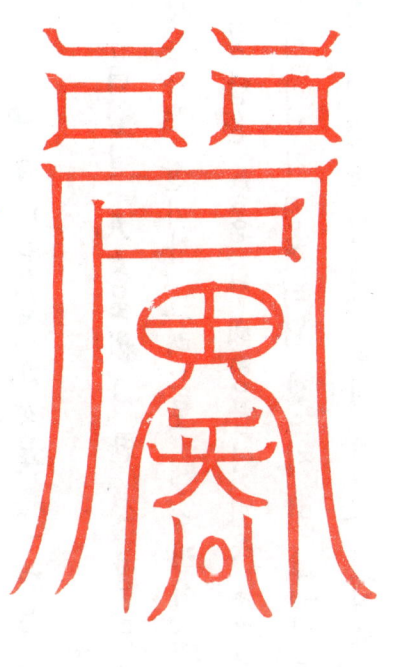

● 구녀성살(九女星殺) 막는 부적

구녀성살(九女星殺)이란 첫 딸을 낳기 시작하여 계속 아홉을 낳는다는 살이다. 그러므로 계속해서 세번째까지 딸을 낳을 경우 (첫 딸을 낳은 뒤 예방함이 더욱 좋을 것임)는 혹 구녀성살을 띤 것이 아닌가 염려되니 반드시 이 부적을 써서 부인의 몸에 지니게 하되 아들을 낳을때 까지 지니고 있어야 한다.

九、 임신(妊娠) 및 해산(解産)

(1) 임신에 관한 부적

● 태(胎)를 편안케 하는 부적

(가) 안태부(安胎符)

부녀자가 임신하였을 경우 이 부적을 그려 항시 몸에 지니고 있으면 출산(出産)때 까지 태아(胎兒)가 안전하게 잘 자라고 또 임신부(妊娠)도 건강을 유지한다.

開天門護身隨身救苦保身勅令大王在壇雲保護母身命

(나) 산모와 태아가 같이 건강해 달라는 부적

唵勅令廝煞秦九〰〰菩唵符气寿皿

(다) 안태부(安胎符―태아를 편케 하는 부적)

勅下明馬断退産神符一道鎭安

● 보태부 (保胎符 — 태아의 안전을 보호하는 부적)

奉普庵佛
水水
水水
水水
水水

● 보태부 (─胎兒와 産母를 보호해 달라는 부적)

霹靂勅令 甲子甲辰 丙戌甲寅 弱符藏歸人甲胎神 蓋女 百無禁忌 符大王尨 磁印

● 유산(流産) 및 낙태(落胎) 방지부

부녀자(婦女子)가 임신하여 유산 또는 낙태가 빈번하여 습관성이 된 사람은 애기를 임신하였을 당시 이 부적을 써서 불에 태워 재를 만든 뒤 사인(砂仁) 한돈중을 대린물에 타서 복용하기를 계속 七일간을 되풀이 하면 이후는 유산 혹은 낙태되지 않으며 산모와 태아가 같이 건강하다.

● 낙태 및 사산(死産) 방지부

운명학상(運命學上)의 판단으로 · 낙태귀(落胎鬼)가 침범하였거나 산소(山所) 또는 객사귀(客死鬼)의 작난으로 임신부가 순산(順産)하지 못하고 낙태 또는 사산(死産)이 빈번할 경우는 악귀불침부(惡鬼不侵符) 一매와 이 부적 한장을 임신부의 몸에 지니고 있으면 이 후는 유산이나 낙태의 액이 없이 순조롭게 애기를 낳을 수 있다.

(2) 해산(解産)에 대한 부적

● 순산(順産)하는 부적

산모(産母)가 몸이 허약하거나, 초산(初産)으로 출산(出産)의 경험이 없거나, 몸이 건강하고 출산의 경험이 있더라도 난산(難産)의 징조가 있다고 느껴질때 미리 이 부적을 써서 "당키" 두돈중을 대린 물에 아래 부적글씨 한자씩을 순서대로 태운 재를 혼합해서 한끼에 한장씩 三일간 복용하면 순산하게 된다.

● 난산부 (難産符)

해산(解産)에 임한 산모가 고통만 심하고 많은 시간이 경과하도록 출산(出産)하지 못하거나 또는 거꾸로 나올 염려가 있을때 이 부적을 주사(朱砂)로 써서 태워마시면 위기를 모면한다.

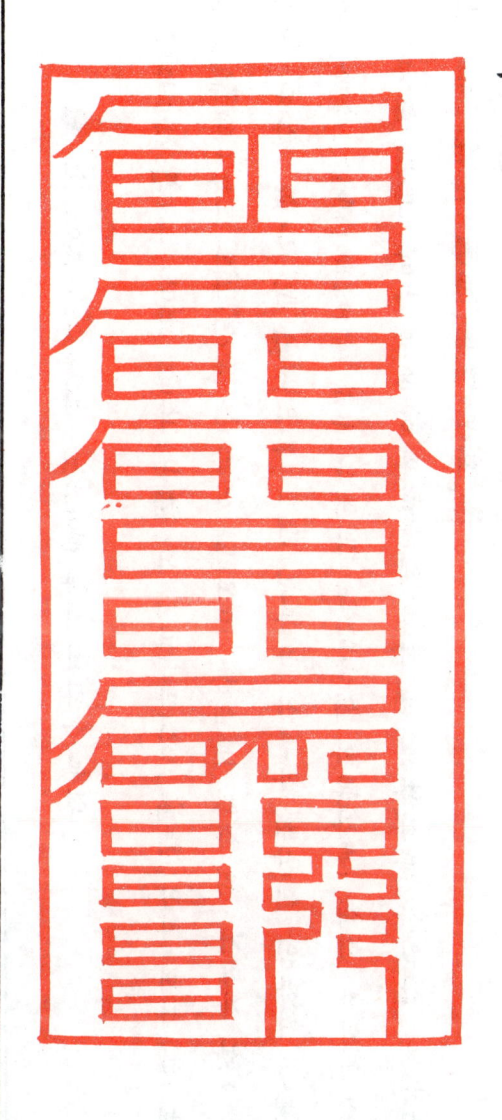

● 최생부(催生符 - 해산을 빨리하라는 부적)

산부(産婦)가 임신 십삭(十朔)이 되면 만삭(滿朔)이라 해서 곧 해산(解産)하기 마련인데 십삭이 넘어도 좀체로 해산의 기미가 없으면 이는 난산(難産)의 징조이다. 이런 경우와 산부가 해산에 임하여 오래도록 출산(出産)을 못할 때는 아래의 부적글씨 아홉자를 써서 한자씩 불에 태워 당귀 두돈중 다린물에 타서 복용하기를 삼일간 계속하면 곧 순산(順産)하게 된다.

(가) 최생부

(바) 최생부

해산을 속히 하라는 부적이니 불에 태워 재를 복용하라.

勅下月☲☷☵催生靈符☳☶生産速女者地下

(다) 최생부 ― 속히 출산시켜 달라는 부적

勅令下天 男此生吉呂 麒麟到此宅吉

(라) 최생부 — 해산을 속히하라는 부적

仙姑姉妹勅下 桃源洞太上老君黎

● 도산부(倒産符)

태아가 나오다가 멈추거나、거꾸로 나오려 하거나 혹은 옆질러 나오려 할때 급히 이 부적을 써서 태워마시면 곧 순산한다。

勅令仙姑急下

● 태혈속출부 (胎血速出符)

애기를 낳은 뒤 태혈 (胎血, 즉後産) 이 잘 나오지 않을때는 이 부적을 써서 불에 태워 마시게 하면 태혈이 빨리 나온다고 한다.

● 횡·도산 (橫倒産) 예방부

운명학적인 판단에 의하여 산액 (産厄) 이 있다고 예고되면 거꾸로 오거나 옆질러 나올 우려가 있으니 이를 예방하여야 한다. 부엌칸을 불에 달구어 탁주에 담그었다가 식힌 뒤 부적재를 타서 산모에게 복용시키면 이러한 액이 방지 된다.

● 후산 편안부 (後産便安符)

이 부적을 태워마시면 후산이 순조롭고 해산뒤에 고통이 없다

日安
日安 唵 急 如 律 令

● 젖 잘나오게 하는 부적

미리 산모의 젖이 잘 나오게 할때、또는 젖이 잘 나오지 않을때 이 부적을 써서 태워 마신다。

乳生水品鬼唵急如律令

10. 선신수호 (善神守護)

악신(惡神)이란 귀신(鬼神), 요마(妖魔), 잡귀(雜鬼) 등으로 우리 비인간들에게 우환질고(憂患疾苦) 등의 갖가지 흉화(凶禍)를 불러다 주기때문에 우리를 몹시 괴롭히지만, 선신(善神 — 또는 喜神)은 그와 반대로 모든 재악(災厄)을 물리치고 재산(財産), 생명(生命), 건강을 보호해 주는 길신(吉神)이다.

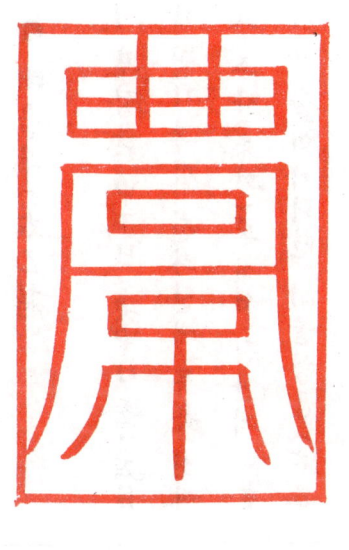

● 선신수호부(善神守護符)

이 부적은 여행중에 있거나 질병중에 있거나 기타의 모험(冒險)중이거나 위기(危機)에 있을때 항시 몸에 지니고 다니면 신(神)의 가호를 입어 안전하다.

● 태을부(太乙符)

이 부적을 甲子日 庚申日 혹 五月 五日 생기 복덕 천의일에 목욕 재계 하고 주사(朱砂)로 써서 집안에 붙이거나 몸에 지니면 태을성군(太乙 星君)이 항시 보호해 준다.

● 구요성부(九曜星符)

이 부적을 봉안(奉安)하고 북향 분향(北向焚香)한뒤 성심으로 기도하면 항시 신(神)의 가호를 받아 가정과 임신상에 우환질고가 침범치 않는다.

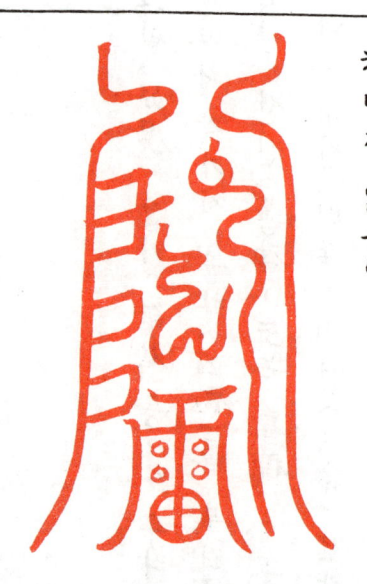

● 팔문신장부 (八門神將符)

이 부적을 몸에 지니면 팔문신장이 재산과 생명을 보호해준다.

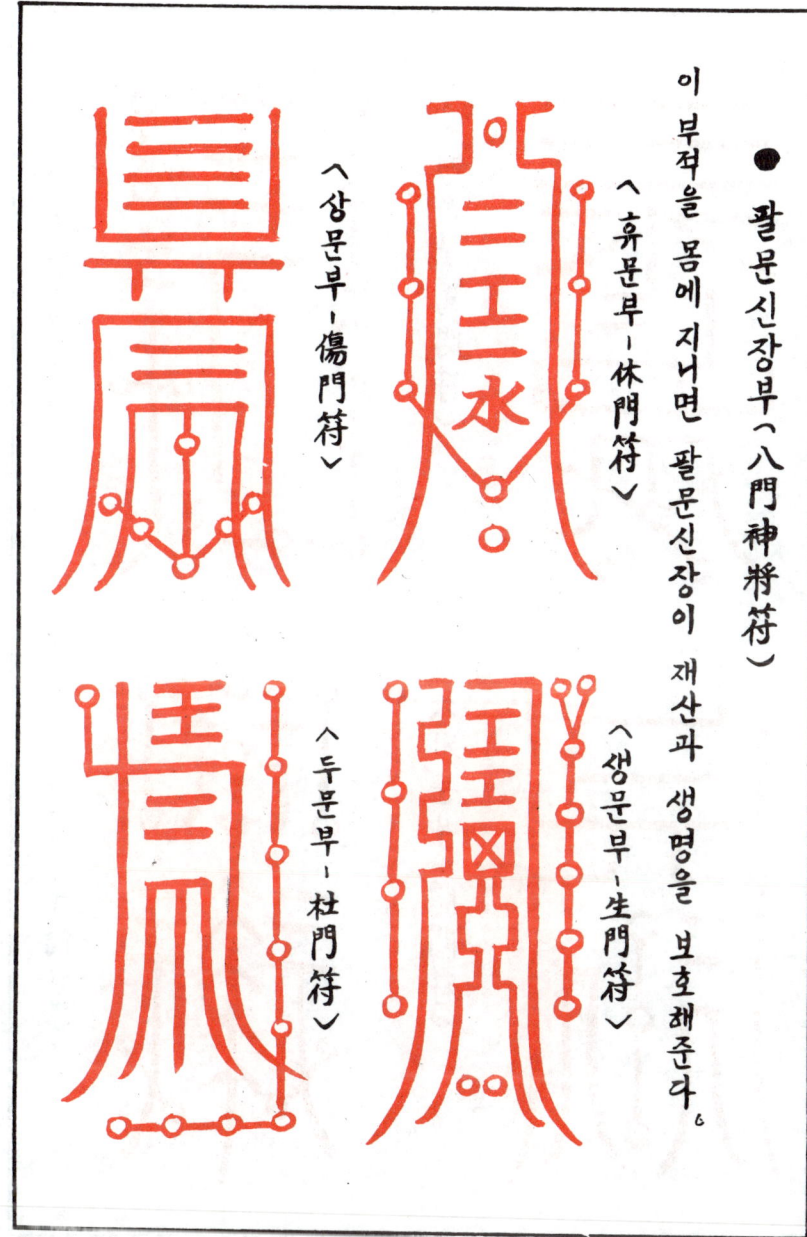

〈휴문부-休門符〉
〈상문부-傷門符〉
〈생문부-生門符〉
〈두문부-杜門符〉

(128)

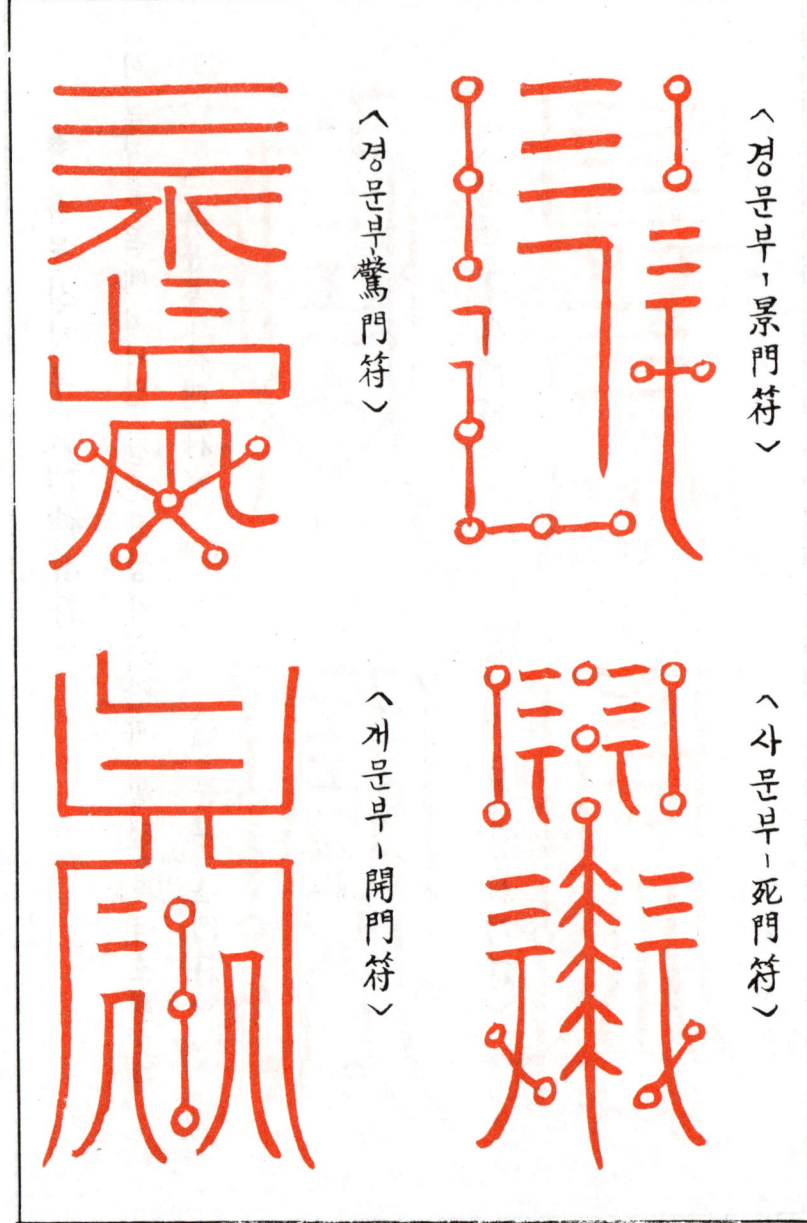

〈경문부-景門符〉

〈경문부-驚門符〉

〈사문부-死門符〉

〈게문부-開門符〉

二, 악신퇴치 (惡神退治)

악신(惡神)이란 악귀(惡鬼) 즉 잡귀(雜鬼), 요괴(妖恠), 사마(邪魔) 등 모든 흉살귀(凶殺鬼)를 총칭한 말이다. 이 악신이 가정이나 사람의 몸에 범접(犯接)하면 질병(疾病), 손재(損財), 관재구설(官災口舌) 등 여러가지 상서롭지 못한 일이 발생한다.

● 악귀불침부 (惡鬼不侵符)

이 부적을 그려 출입문 위에 붙이거나 몸에 지니고 있으면 악귀가 침범을 못한다.

독송구불절 염염심부전
화염불능상 도병림최절
南無觀世音菩薩
에노생환히 사자변성활
망언차시허 제불불망설

● 악귀퇴치부 (惡鬼退治符)

사람에게 재앙을 주는 사나운 귀신을 집안 또는 범접(犯接)을 못하게 하거나 이미 범접해 있는 물리치는 부적이다. 이 부적을 써서 집안에 붙이거나 몸에 지니면 귀신이 물러간다.

(가)

(나)

● 관음부 (觀音符)

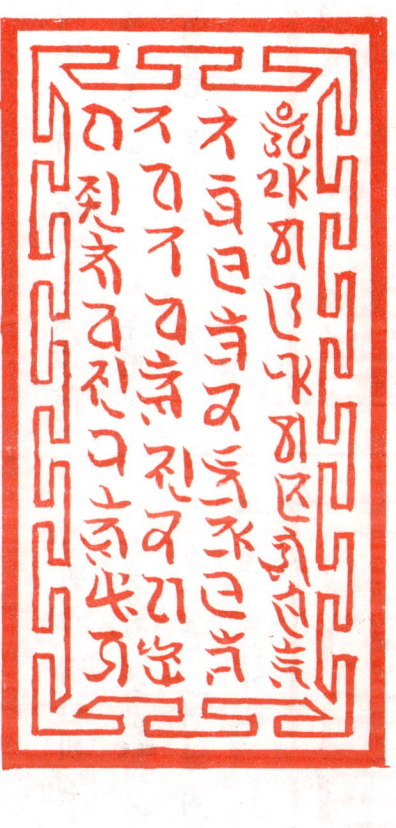

이 관음부를 봉안 (奉安) 하고 축귀경 (逐鬼經) 을 읽으면 모든 악귀 (惡鬼) 와 요마 (妖魔) 가 꿈쩍 못하고 물러간다.

● 커신(鬼神) 쫓는 부적

이 부적을 그려 출입문(出入門) 또는 집안 몇군데에 붙여두면 커신이 범접을 못한다.

● 잡커(雜鬼) 쫓는 부적

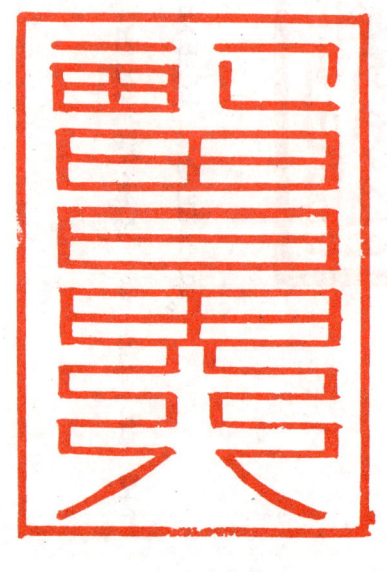

잡커가 집안에 들어오면 온갖 상서롭지 못한 괴변이 발생한다. 이 부적을 그려 붙이면 잡커들이 스스로 물러간다.

● 가내 백신 불침부 (家內百神不侵符)

(가)

악귀(惡鬼) 마귀(魔鬼) 요귀(妖鬼) 사귀(邪鬼) 잡귀(雜鬼) 등 어떠한 귀신을 막론하고 집안에 들어오지 못하게 하는 부적이다. 귀신이 집안에 있으면 반드시 우환질고(憂患疾苦), 가정불화(家庭不和) 사상(死傷), 관재(官災) 구설(口舌) 실패(失敗), 손재(損財) 등 여러가지의 괴변이 생기는 것이니 이 부적(가 혹은 나)을 여러장 써서 집안 곳곳에 붙여두면 모든 귀신이 두려워 물러간다.

(나) 가내 백신 불침부

모든 귀신이 물러가고 집안이 평안해진다.

六丁六甲左天兵 符馳天下無道鬼
六神大將右地兵 法治人間不正神

龍神 興旺靈符到此 招除千妖 招來百福

● 오사(妖邪)를 쫓는 부적

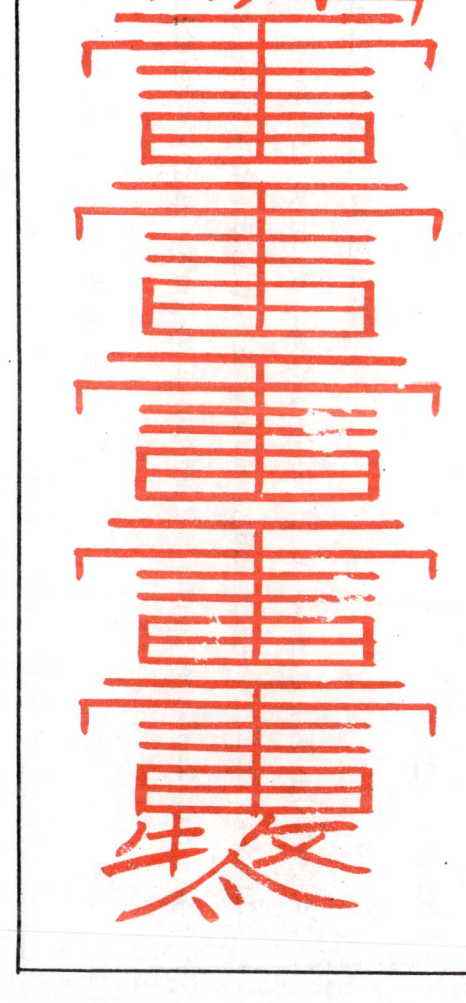

이 부적은 옥추경(玉樞經)에 수록(收錄)된 옴마니발묘부(唵摩尼發妙符)이다. 이 부적을 써서 몸에 지니면 모든 잡귀, 잡신, 요마, 사키가 범접치 아니한다.

● 사귀(邪鬼)를 물리치는 부적

집안에서 이상한 소리가 나고 요마(妖魔)가 난동을 부리거나, 사람이 갑자기 발광(發狂)하거나, 이름모를 병이 발생하거나, 뜻밖의 괴변이 일어날 경우 이 부적을 봉안(奉安)하고 축귀경(逐鬼經)을 읽으면 모든 요마와 사귀가 물러간다.

이 부적 위에 범을 그려 붙이면 학질과 모든 요귀가 물러간다.

● 축귀부 (逐鬼符)

매일밤 꿈자리가 사납거나, 장농·책상등에서 뚝뚝거리는 소리가 나거나, 부엌에서 이상한 소리가 나고, 밤중에 사람이 다니지 않는데도 발자욱소리가 나는 것 등은 모두 귀신들이 장난하는 것이니 이는 장차 재난이 있을 징조라 아래의 부적을 써서 방에 붙여두면 귀신이 물러간다.

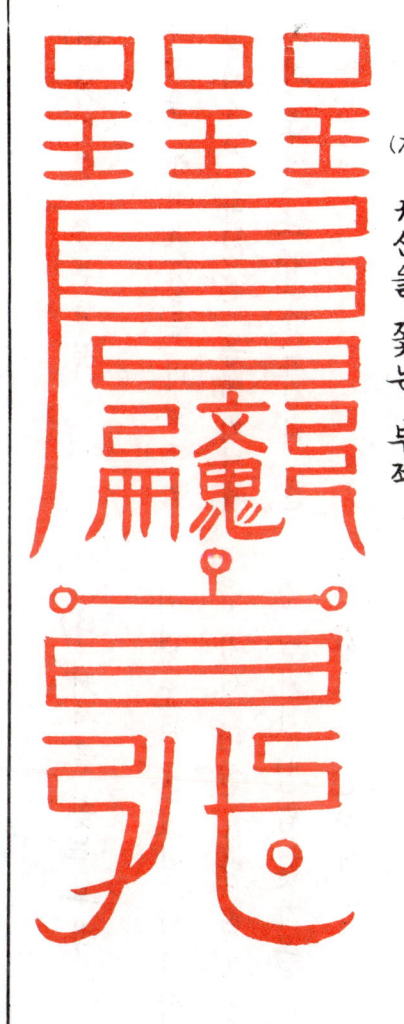

(가) 귀신을 쫓는 부적

(나) 귀신을 쫓는 부적

두 장을 써서 한 장은 내실 문 위에 붙여 두고 한 장은 몸에 지니면 귄신과 오사(妖邪)가 자연히 달아난다.

(다) 귀신을 쫓는 부적

매년 正月 초五일 이 부적 四장을 써서 내실 사방 벽에 붙여 두면 삼키가 침범 못 하므로 집안이 항시 편안하다.

● 인키(人鬼) 물리치는 부적

인키(人鬼)란 사람죽은 귀신이다. 억울하게 죽은 사람 모든 비명에 간 사람의 영혼이 침입하여 우환질고를 일으킬 경우 이 부적을 써서 방문 위에 붙이면 나타나지 못한다.

● 괴물(怪物) 퇴치부

이 부적을 써서 내실 문 밖 앞벽 위에 붙여두면 모든 요괴(妖怪가 침범하지 못한다. 그리고 이 부적을 지니면 길을 걸을때도 커신·도깨비·뱀·맹수등이 침범 못한다.

● 흉살지압부(凶殺 鎭壓符)

집안에 흉살이 침범하여 우환질고(憂患疾苦), 관재(官災), 구설(口舌), 송사(訟事), 손재(損財), 사상(死傷) 등의 흉변이 일어날 경우 이 부적을 써서 집안에 붙여두면 흉살을 진압하고 집안이 태평하게 된다.

三, 꿈에 대한 부적

사람은 거의가 꿈을 꾸기 마련이다. 그런데 꿈에는 크게 나누어 길몽(吉夢)과 흉몽(凶夢)과 허몽(虛夢-雜夢)이 있는데, 길몽은 상서로운 일(吉祥)이 생길 징조이니 물론 좋은 것이지만 흉몽(凶夢)은 장차 재난(災難)이 닥쳐 올 것을 예고(豫告)하는 상이 되어 흉몽이나 악몽(惡夢)을 꾼 사람은 즉시 이를 퇴치시켜야 재앙을 면할 수 있다는 것이다. 그리고 허몽(虛夢)이나 잡몽(雜夢)을 꾸면 이는 길흉간에 아무런 영향력이 미치지 않는다고 한다.

● 흉몽(凶夢)을 물리치는 법

간밤에 꾼 꿈이 흉몽 또는 악몽이라 생각되거든 일찍(해뜨기전) 일어나 아무 말도 하지 말고 깨끗한 냉수(淨寒水)를 입에 물고

동쪽 해돋이를 향하여 뿜고 나서 다음과 같은 주문(呪文)을 세 번 혹은 일곱번 외운다음 부적을 태워 마신다.

○ 주문(呪文)

① 혁혁양양 일출동방 차부단겁악몽
  (赫赫陽陽 日出東方 此符斷劫惡夢
  발제불상 급급여율
  拔除不祥 急急如律
  령
  令〉

② 악몽착초목 희몽성주옥 (惡夢著草木 喜夢成珠玉)

日
五日
口口口
口口
口

噫急如律令

● 악몽(惡夢)을 꾸었을때

악몽을 꾸었을때 이 부적을 써서 몸에 지니면 악몽으로 인한 우환질고등 상서롭지 못한 일이 발생하지 않는다.

● 흉몽(凶夢)을 길몽(吉夢)으로

악몽을 꾸었을 때는 일찍 일어나 말하지 말고, 냉수를 내 뿜으며 위의 주문을 외운 뒤 다음의 부적글씨를 손바닥에 쓴다 (남자는 왼손에 여자는 오른손에 쓴다)

● 섭이지일몽 (十二支日夢) 에 대한 부적

자일꿈 (子日夢)

자일의 꿈은 이 부적을 써서 몸에 지니면 대길하다.

축일꿈 (丑日夢)

축일 (丑日) 의 꿈은 이 부적을 써서 머리속에 끼고 있으면 길하다.

(145)

인일꿈(寅日夢)

인일(寅日)의 꿈은 아래 부적을 써서 머리속에 끼면 대길하다.

묘일꿈(卯日夢)

묘일(卯日)의 꿈은 이 부적을 써서 문(門)에 붙이면 대길하다.

진일꿈(辰日夢)

진일(辰日)의 꿈은 이 부적을 써서 출입문에 붙이면 대길하다.

사일꿈(巳日夢)

사일(巳日)의 꿈은 이 부적을 써서 북쪽 벽 위에 붙이면 대길하다.

(147)

오일꿈 (午日夢)

오일(午日)에 꾼 꿈은 이 부적을 써서 남쪽 벽 위에 붙이면 대길하다.

미일꿈 (未日夢)

미일(未日)의 꿈은 이 부적을 써서 머리에 지니면 대길하다.

신일꿈 (申日夢)

신일(申日)의 꿈은 이 부적을 써서 왼쪽 허리에 지니면 대길하다.

유일꿈 (酉日夢)

유일(酉日)의 꿈은 이 부적을 써 머리속에 지니면 대길하다.

(149)

술일꿈(戌日夢)

술일(戌日)의 꿈은 이 부적을 써서 서쪽 벽위에 붙이면 대길하다

해일꿈(亥日夢)

해일(亥日)의 꿈은 이 부적을 써서 부엌에 붙이면 대길하다.

三、동토(動土) 및 건축(建築)·수리(修理)

(1) 동토(動土)

흙을 다루거나(動土) 나무(動木), 돌(動石)을 다루거나, 집을 짓고 수리하기 위하여 이상과 같은 일을 함으로써 부정(不淨) 혹은 살방(殺方)을 범하여 우환 질고, 손재수가 생기는 경우가 있다.

● 동토부(動土符)

동토(動土)란 글자풀이로는 흙을 다룬다는 말이지만 사실상 흙 뿐 아니라 나무 돌 쇠붙이 등 기타의 물건을 다루거나 부정 및 살을 범한 경우도 통칭 「동토탈」이라 한다.

● 백사 동토부(百事動土符)

흙, 나무, 돌, 쇠붙치, 또는 어떠한 물건을 다루거나, 삼살(三殺), 오키(五鬼), 대장군(大將軍) 안손(眼損) 퇴식(退食) 증파(徵破), 진귀방(進鬼方)에서 건축, 수리, 우물파기 등 일을 하거나 흉방으로 이사하여 탈(頉)이 생기거나, 부득이 이를 범하지 않을 수 없을 경우 등 여하간 백가지 동토, 부정탈이 났거나 예방하는데 쓰이는 부적으로 해당되는 장소에 붙여두면 대길하다.

● 채토부 (採土符)

집을 짓거나、수리하거나、우물、웅덩이、연못、제방(堤防) 등의 공사(工事) 및 기타의 목적으로 흙을 다루고져 할때 이 부적을 써서 천장에 불여놓으면 탈이 생기지 않는다.

● 흙 다루는 부적 (動土符)

흙을 파다가 집을 수리하다가 탈이 나서 손재、질병、불화、상신(傷身) 등의 재난이 생겼거나、이러한 액을 미리 방지하려면 이 부적을 사용하면 쾌길하다.

● 나무다루는 부적 (動木符)

나무를 다루려 하거나, 나무를 잘못 다룬 원인으로 탈이 생겼을 경우 이 부적을 써서 현장에 붙여 놓으면 아무런 탈이 생기지 않고, 또 이미 생긴 탈도 소멸된다.

● 돌 다루는 부적 (動石符)

돌을 캐거나 운반하여 건축 또는 수리하거나, 돌을 다룬 일도 탈이 생겼을 때는 이 부적을 써서 그 곳에 붙여두면 탈이 꺼거된다.

● 조왕동토부(竈王動土符)

조왕이란 부엌(廚-특히 부뜨막, 또는 아궁이)을 말하는데、조왕을 고치다가 탈이 생겼거나、고치려 할제· 이 부적으로 방지하라

● 대장군방(大將軍方) 동토부

대장군방(亥子丑年西、寅卯辰年北、巳午未年東、申酉戌年南)은 동토、수리를 꺼리나 부득이 범하게 될 경우는 이 부적을 붙여놓고 역사(役事)하라.

(2) 건축(建築) 및 수리(修理)

● 개공길리부(開工吉利符)

집을 짓거나 공장, 창고, 기계조립, 제방(堤方) 등 모든 공사(工事)를 시작할때 미리 이 부적을 써 놓고 시작하면 공사 진행이 순조롭게 잘 되고 준공(竣工)후에도 아무런 탈이 없이 만사대길(萬事大吉)하라고 한다.

安鎭任興工動凶神惡煞速退 急急如律到令勅

● 동토개공부 (動土開工符)

땅을 파거나 집수리를 하는데 이 부적을 써서 현장에 붙여 놓으면 아무런 탈이 생기지 않는다.

門門招百福　大王
神符起隔界隔家斷清吉平安大吉
戶戶納千祥　在松

● 수주(豎柱) 및 상량부(上樑符)

기둥을 세우고 들보를 올릴때 그 집안이 편하도록 하는 부적이다.

四. 여행 (旅行)

오랜 기간을 먼곳으로 여행하는 사람은 질병, 실물 사고(事故)의 위험도 미연(未然)에 방지해야 한다.

● 원행 안전부 (遠行安全符)

이 부적을 써서 몸에 지니고 출행(出行)하면 여로(旅路)가 평안하고 질병이 따르지 않으며 목적을 순조롭게 달성하고 돌아 온다.

虫虫虫
虫虫
虫天隐急如律令

● 여행대길부 (旅行大吉符)

여행을 떠날때 이 부적을 지니면 여중 (旅中) 안전하고 재수 대길하다.

蚕蚕蚕
空唵急如律令

● 불길한 방향으로 여행하는 부적

이 부적을 써서 지니고 다니면 요사 (妖邪) 가 침범치 않는다.

口口口
口口口
鬼唵急如律令

● 수륙원행부(水陸遠行符)

이 부적을 지니고 다니면 강도, 뱀 맹수의 침입을 받지 않으며 해상 여행중에도 풍파(風波)를 만나지 않고 안전한 여행을 한다.

● 험로안전부(險路安全符)

등산(登山)을 하거나 험한길, 또는 위험한 길을 걷게 될 경우 이 부적을 지니면 위태로움을 면하고 일신이 안전하다.

● 노상횡액(路上橫厄) 예방부

운명학적(運命學的)인 감정에 의하여 노상횡액(路上橫厄)이 있다고 판단되거나, 또는 수륙만리(水陸萬里)로 여행을 하게 될 경우 또는 해상(海上)에서 종사하는 사람, 비행기 조종사 및 안내양, 기차 기관사, 자동차 운전사(안내양 포함), 그리고 육로(陸路), 수로(水路), 항공(航空)을 막론하고 자주 여행하는 사람은 이 부적을 써서 몸에 지니면 교통사고(차량, 선박, 항공기사고)를 당하지 않는다고 한다.

一五, 이사 (移徙)

새집(新屋)이나 구옥(舊屋)을 막론하고 집을 옮겨 살려면 살(殺)을 피하여 좋은 날자 좋은 방위(吉方)로 가려 이사하면 아무런 탈(頉)이 생기지 않을 것이나 부득이하여 살신(殺神)을 범하게 될 경우, 또는 모르고 이미 살을 범하여 질병, 실패 관재 구설이 이를때는 아래 부적에서 해당되는 곳을 골라 사용하면 액이 물러간다.

● 이사탈 소멸부

위 부적은 이사를 잘못하여 우환 질고, 실패가 있으면 4장을 그려 사방(四方)모서리에 붙여둔다.

鳳

(163)

● 이사 편안부 (移徙平安符)

이사를 하게 될 경우 이 부적을 써서 살던집 지붕속에 넣어두고 옮겨가면 이사후 재수가 대통하고 우환질고가 없이 가내(家內)가 평안하다.

● 신옥이사부 (新屋移徙符)

새로 집을 짓고 이사한뒤 이 부적을 써서 내실 문 위에 붙여두면 재앙이 침범치 않고, 가내화평하여 만사가 여의하다.

● 오귀방(五鬼方) 이사부

이사방위법상 오귀방으로 이사하여 탈(頉)이 생겼거나 부득이 오귀방으로 이사하게 될 경우 이 부적을 새로 이사한 집에 붙여두면 무사하다.

● 안손방(眼損方) 이사부

안손방으로 이사하면 안질(眼疾) 손재(損財)등의 액이 따르는데 부득이 하여 이를 범하였을 때는 이 부적을 집안에 붙이라.

● 증파방(甑破方) 이사부

증파방으로 이사하면 손재, 실패, 가정불화, 이별등의 액이 이르는가 하면 이미 증파방을 범하였거나 부득이 이사하려면 이 부적으로 방지하라

● 진귀방(進鬼方) 이사부

진귀방으로 이사하면 우환 질고와 손재등의 재난이 생긴다. 부득이하여 이사할 경우는 이 부적을 써서 내실에 붙여 놓는다.

● 퇴식방(退食方) 이사부

퇴식방으로 이사하면 재산이 모르는 사이에 차츰 줄어들고 질병도 생기는데 이사하여 탈이 생겼거나 부득이 이사하려면 이 부적으로 액을 예방하여야 한다.

● 대장군(大將軍) 및 삼살방 (三殺方) 이사부

대장군방 부적은 위의 三항 동토부란(欄)에 있는 대장군 부적과 같이 쓰고 삼살방(三殺方) 부적은 아래와 같다.

二六, 부정퇴치 (不淨退治)

부정(不淨)이란 불결(不潔)한 곳에 함부로 출입하거나 불결한 물건을 잘못 다루다가 신(神)의 노염을 사게 되어 집안에 우환 질고 손재 등 상서롭지 못한 탈이 생기는 것을 부정탈이라 한다.

● 부정을 씻는 부적

이 부적은 집안이나 사람의 몸에 부정(不淨)이 들었을 경우 방안에 붙여두거나 몸에 지니면 더러운 부정이 깨끗이 제거된다.

● 부정을 씻어내는 부적

● 부정을 씻어내는 부적

五龍吐水洗清淨

● 부정탈(不淨頉)제거부

온 집안에 부정이 탓을때는 이 부적을 누른 종이에 주사(朱砂)로 써서 한장은 출입문 위에 붙이고 한장은 부정탈을 입은 사람의 몸에 지녀주면 차츰 부정이 깨끗이 씻겨나간다.

● 일체부정 퇴치부 (一切不淨退治符)

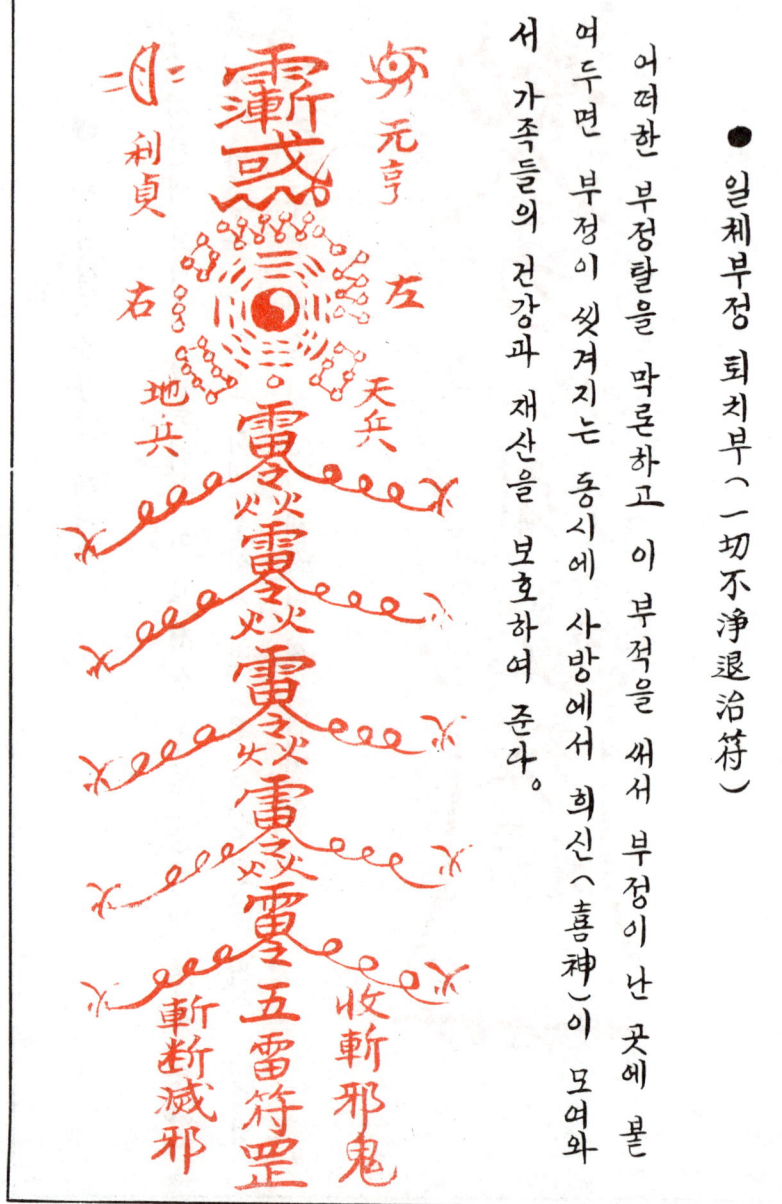

어떠한 부정탈을 막론하고 이 부적을 써서 부정이 난 곳에 붙여두면 부정이 씻겨지는 동시에 사방에서 희신(喜神)이 모여와서 가족들의 건강과 재산을 보호하여 준다.

● 인부정제거부(人不淨除去符)

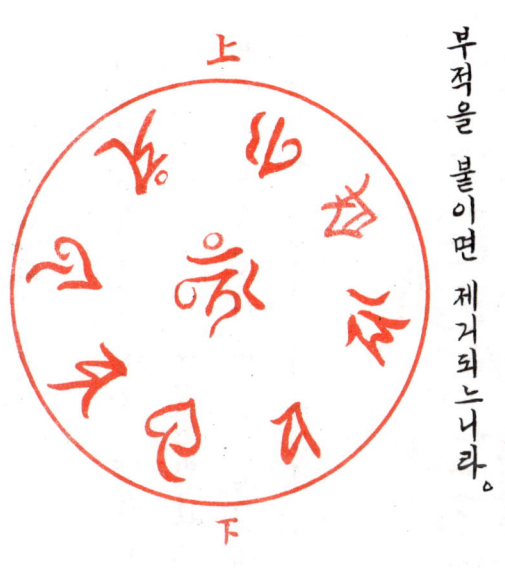

부정(不淨)한 사람이 집안에 들어와 그로 인한 탈이 생겼을 때 이 부적을 붙이면 제거되느니라.

● 의관(衣冠) 및 신(鞋)

의관이나 신발 등을 집안에 잘못 들여와 그로 인하여 질병이 발생한 경우 이 부적을 써서 환자의 몸에 지니면 곧 낫는다.

● 그릇(器皿) 부정

밥그릇, 반찬그릇, 장독, 물독 같은 것으로 인하여 부정탈이 났을 때는 이 부적을 탈이 생긴 물건에 붙여두면 부정이 씻겨나간다.

● 가마(釜)와 시루(甑)

가마, 혹은 시루에 불결한 것을 모르고 집안에 들여와 부정탈이 생겼을 때는 이 부적을 써서 가마나 시루에 붙이면 편안하다.

(173)

● 상·벼개·이불 장막

상이나 벼개 혹은 장막같은 것을 부정(不淨)이 있음을 모르고 집안에 들여와 탈이 생긴 경우는 이 부적을 붙여두면 깨끗하다.

● 배·수레 (舟·車)

배 혹은 수레로 인하여 탈이 생긴 때에는 이 부적을 써서 수레나 배에 붙여두면 부정탈이 사라지고 만사 깨끗하다.

七, 신앙(信仰)과 영혼(靈魂)

(1) 신앙(信仰)에 대한 부적

● 위인염불부(爲人念佛符)

이는 자기(自己)아닌 남(他人-부모 처자 형제 자매도 이에 속함)을 위하여 염불 또는 불공(佛供)을 드릴때 이 부적을 써서 몸에 지니거나 정결한 곳에 붙여두면 불심(佛心)의 감응(感應)이 속(速)하다는 것이다.

● 부처님의 공덕을 구하는 부적

이 부적을 봉안(奉安)하고 마음에 드는(자기가 원하는) 불경(佛經)을 외우면 부처님의 공덕(功德)이 있게 된다는 것이다.

● 멸죄 성불부(滅罪成佛符)

이 부적을 봉안하거나 몸에 지니고 불도(佛道)를 닦으면 지은 죄가 소멸하고 쉽게 불도를 통하게 된다는 것이다.

● 모든 죄(罪)를 소멸해 달라는 부적(滅罪符)

사람은 누구를 막론하고 죄가 없는 사람은 하나도 없고 다만 그 죄의 크고 작음과 많고 적음과 경중(輕重)의 차이가 있을 뿐이다. 이 부적을 써서 봉안하고 참회하고 멸죄경(滅罪經)을 읽으면 모든 죄가 소멸된다.

(가)

(나)

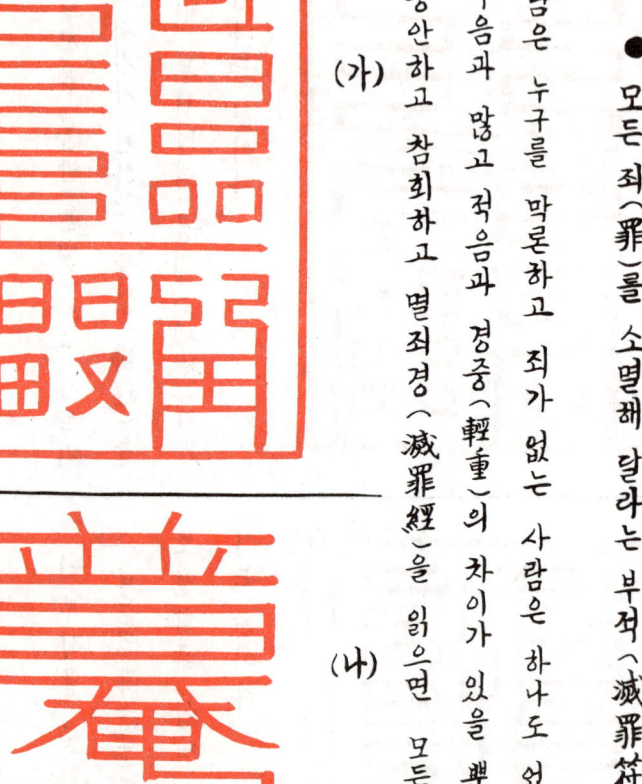

(2) 영혼(靈魂)을 위한 부적

● 지옥(地獄)을 벗어나게 하는 부적

이 부적을 주사(朱砂)로 써서 죽은 사람의 몸에 지녀주면 그 영혼이 지옥을 벗어나 극락(極樂)으로 간다는 것이다.

● 정토왕생부(淨土往生符)

죽은이의 몸에 지녀주면 정토에 다시 탄생한다고 함

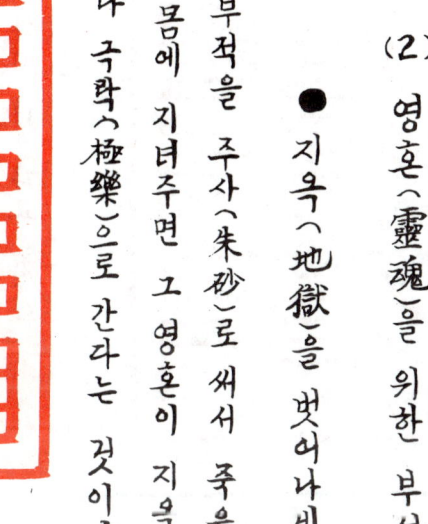

(178)

● 지옥을 파하고 정토에 나오는 부적 (破地獄生淨土符)

사람이 죽은 뒤는 가장 두려운 것이 지옥이다. 그러므로 누구나 지옥을 가지 말아야 하는데 죄를 너무 많이 지으면 지옥에 들어간다고 한다. 이 부적을 새서 항시 지니고 있으면 죽은 뒤에 지옥에 들어가지 않고 정토에 다시 나온다고 한다.

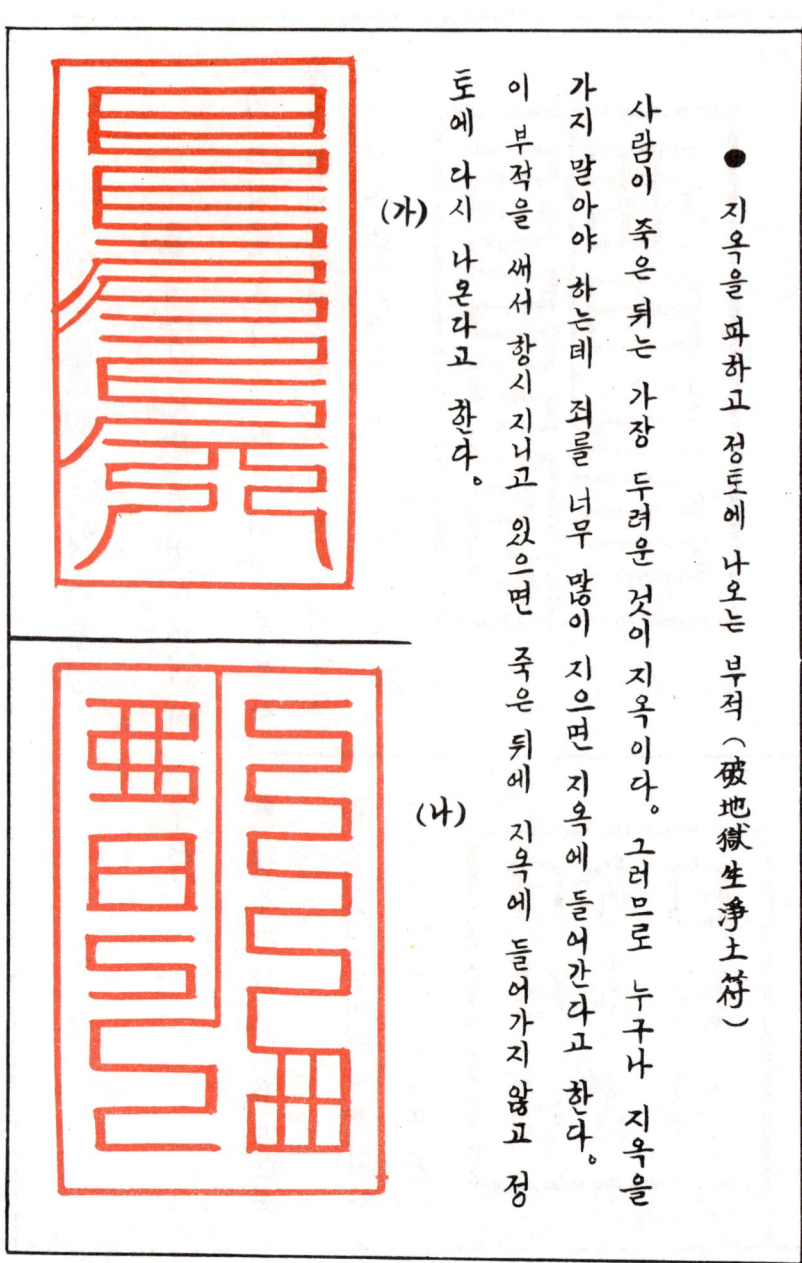

(가)

(나)

● 영생정토부(靈生淨土符)

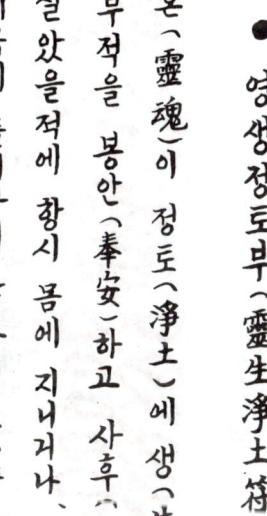
(가)

(나)

영혼(靈魂)이 정토(淨土)에 생(生)하라는 부적이다. 이 부적을 봉안(奉安)하고 사후(死後)의 영혼을 위하여 기도하거나 살았을 적에 항시 몸에 지니거나、죽은 사람의 몸속에 지녀주면 영혼이 지옥에 들어가지 않고 정토(淨土)에 나온다는 것이다.

八、 장사(葬事)에 대한 부적

● 분묘개수부(墳墓改修符)

비·바람 등 천재지변(天災地變)으로 갑자기 묘지(墓地)가 파손되었을 경우는 날자가 긴박하여 택일(擇日)할 겨를이 없이 산소(山所)를 손질해야 한다. 그러나 혹 탈이 없을가 염려 될 것이니 일을 다 끝마치고 나서 이 부적을 써서 땅속에 묻어두면 대길하다.

(가) 일을 끝마치고

敢令雷燚元亨利貞岁

● 영생정토부(靈生淨土符)

(가)
(나)

영혼(靈魂)이 정토(淨土)에 생(生)하라는 부적이다. 이 부적을 봉안(奉安)하고 사후(死後)의 영혼을 위하여 기도하거나 살았을적에 항시 몸에 지니거나 죽은 사람의 몸속에 지녀주면 영혼이 지옥에 들어가지 않고 정토(淨土)에 나온다는 것이다.

八, 장사(葬事)에 대한 부적

● 분묘개수부(墳墓改修符)

비·바람 등 천재지변(天災地變)으로 갑자기 묘지(墓地)가 파손되었을 경우는 날자가 긴박하여 택일(擇日)할 겨를이 없이 산소(山所)를 손질해야 한다. 그러나 혹 탈이 없을가 염려 될 것이니 일을 다 끝마치고 나서 이 부적을 써서 땅속에 묻어두면 대길하다.

(가) 일을 끝마치고

敢令雷𢄷𢄷𢄷𤆇元亨利貞岁

(나) 비바람 등으로 분묘가 파손되었을 때 이 부적을 써서 땅에 놓는다.

(바) 일을 시작하기 전

(다) 산소 봉분(封墳)할 때

● 중상중복(重喪重復) 예방부

장사(葬事-初喪埋葬·移葬·修墳·莎草·立碑石一切)를 지내는 예에 있어서는 중상일(重喪日)·중일(重日)·복일(復日)을 범하면 중상(重喪-거듭 초상이 나는 것) 또는 중복(重服-거듭 복을 입는 것) 수가 있다고 한다。 부득이 하여 중상일이나 중복일에 장사를 지내게 되는 경우 또는 초상을 치른 뒤 한 집안에 거듭 초상, 거듭 복제수를 예방하려는 경우는 이 부적을 七별 작성하여 한별은 대문 문지방 밑에 묻고 한별은 상주(喪主)의 어깨 속에 넣어 베고 자고 나머지 다섯별은 매일 한장씩 상주가 복용(불에태워) 한다。

(183)

● 상부정(喪不淨) 예방부

초상(初喪) 집에 갈때 몸에 지니면 길하다.

佛勅令 鬼鬼天罡神符一道下來收斬 凶神惡煞 喪車雌雄 煞罡

상여(喪轝) 뒤를 따라갈때 몸에 지니면 탈이 없다.

佛勅下 罡神符一道 收斬 喪事 罡符一道 雌雄 死煞 罡

● 광중을 편안케 하는 부적

초상시(初喪時)나 이장(移葬) 수분(修墳)을 막론하고 광중에 넣어둔다.

● 장사완료부(葬事完了符)

장사를 끝마치고 제사를 지낼때 사용한다.

삼살진압부 (三殺鎭壓符)

초상 이장을 막론하고 삼살(刧殺·災殺·天殺)을 범하면 순재 사상(死傷), 질병등의 재난이 있다. 이 삼살을 모르고 범하거나 알고도 부득이 하여 범하게 될때 봉숭아나무 二尺 三寸 앞에 붙이고 구천현녀 주문(九天玄女呪文)을 외우면 삼살이 진압된다.

三殺

申子辰年　巳午未(南)方
巳酉丑年　寅卯辰(東)方
寅午戌年　亥子丑(北)方
亥卯未年　申酉戌(西)方

● 묘탈제거부(墓頉除去符)

매장(埋葬-초상때), 이장(移葬-면례), 개장(改葬-修墳) 사초(莎草) 등의 산소에 관한 일을 끝마친 뒤 집안에 우환질고(질병 손재 불화 형액 구설 변상 살상 등의 흉액)가 발생하면 이는 산소탈이 생긴 징조이니 이 부적을 봉안하고 분향기도(焚香祈禱)하면 길하다.

一九、육축(六畜)에 대한 부적

● 육축(六畜)이 잘 자라게 하는 부적

육축(六畜)이란 여섯가지의 가축(家畜)으로 즉 소(牛), 말(馬), 양(羊), 닭(鷄), 개(狗), 돼지(猪)를 총칭함인데 오리(鵝鴨) 등 모든 가축을 통칭하여 육축이라고도 한다. 이 부적을 써서 축사(畜舍)에 붙여두면 모든 육축이 병 없이 잘 자라고 번성한다.

勅令 牛猪不當賣
姜太公太
三生大

● 돌림병(瘟疫) 방지부

어떠한 가축(家畜)을 막론하고 이 부적을 써서 축사(畜舍)에 붙여두면 치료 또는 예방이 된다.

〈봄병〉

〈여름병〉

〈가을병〉

〈겨울병〉

● 온역퇴치부(瘟疫退治符)

(가) 온역을 물리치는 부적이다

(나) 모두 육축의 온역을 물리치는 부적

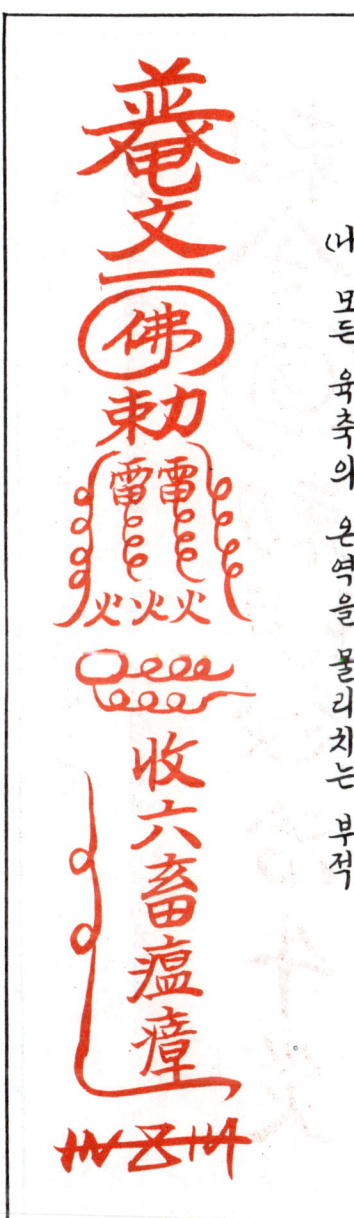

● 소병 고치는 부적 (牛瘟退治符)

소우리 (牛榜) 기둥에 붙여두면 돌림병이 물러간다

● 돼지병 (猪瘟) 고치는 부적

돼지우리에 붙여두면 병이 물러간다.

奉林風猪不賣勅令

● 닭(鷄)·오리(鵝鴨)병 고치는 부적

勅令(黑)虎大將軍押退凶神惡煞出外百靈到坐 鷄鵝罡

닭장이나 오리집에 이 부적을 붙이면 병을 예방·치료된다.

● 개병(狗瘟)을 물리치는 부적

奉勅下 張趙元帥神符斬鬼萬千狗瘟急去 太陽 太陰 廣

● 돼지의 태(胎)를 보호하는 부적

勅令甩符起猪煞急去罡

● 개가 땅을 팔때 방지하는 부적

개가 땅을 파는 것을 막는 부적인데, 개가 추녀밑 혹은 마루밑, 부엌, 토방등을 파면 집안에 상서롭지 못한 일이 있을 징조이니 이 부적을 써서 문앞 기둥에 붙이면 신효하다.

二〇. 질병 (疾病)

(1) 질병총부 (疾病總符)

● 질병불침부 (疾病不侵符)

이 부적은 어떠한 질병을 막론하고 집안에나 일신상에 침범치 못하도록 하는 것으로 내실 문 위에 붙여두거나 몸에 지니고 다니면 질병을 물리칠 뿐만 아니라 복록이 이르고 기타의 재앙도 사라진다고 한다.

● 질병치료부 (疾病治療符)

병이 들어 오래 신음하거나 약효가 없을때 이 부적을 봉안(奉安)하고 분향기도(焚香祈禱)하면 신효하다.

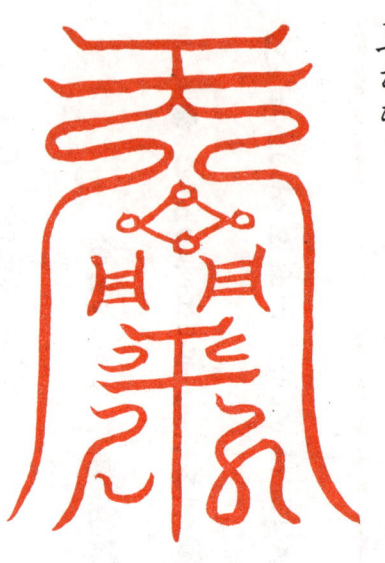

● 백병치료부 (百病治療符)

이 부적은 어떠한 병을 막론하고 효력이 있는 것인데 치료가 더디거나 약효가 적을때 이 부적을 새서 태워 마신다.

(195)

● 백병치료부(百病治療符)

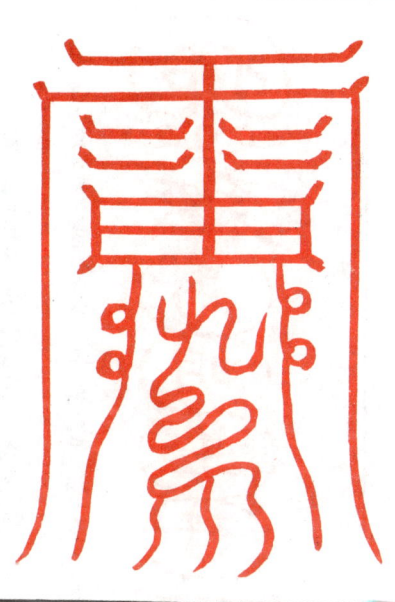

이는 옥추경(玉樞經)에 있는 부적인데 능히 뇌성(雷聲)을 진압하고 백가지 병을 다스린다. 이 부적을 봉안하고 경문을 읽으면 신효하리라.

● 백병예방부(百病豫防符)

이는 백병을 침입하지 못하도록 예방하고 또는 물리치는 방법인데, 예방에는 몸에 지니고, 치료에는 부적을 불에 태워 하루에 한장씩 八일간 복용하면 신효하다.

● 만병통치부 (萬病統治符)

이 부적을 불살라 그 재를 청수(淸水)에 복용하라.

● 만병통치부 (萬病統治符)

이 부적 한장은 몸에 지니고 한장은 태워 마시면 효험이 있다.

唵佛雷雷雷雷勅令

(197)

● 환자보호부(患者保護符)

내과(内科)나 외과(外科)를 막론하고 환자를 보호해주는 대길한 부적이다. 이 부적을 써서 임상(臨床)중에 있는 환자의 몸에 지녀주면 위중한 경우라도 생명을 보호하고 아울러 약과 치료의 효과가 크다고 한다.

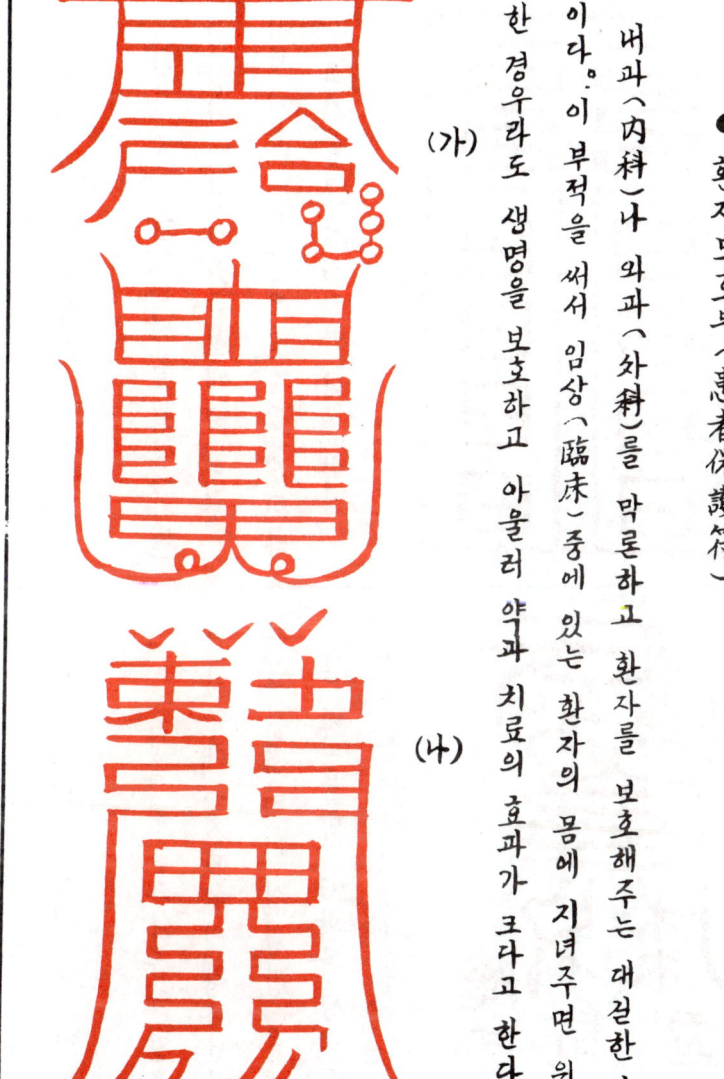

(가)

(나)

● 생사부(生死符)

환자 또는 사고(事故)로 외상(外傷)을 입어 생명이 위급할때 이 부적을 써서 재를 만든다음 온수(溫水)에 타서 환자를 복용시키면 신효하다.

● 맥(脈)이 뛰지 않을때

이 부적을 써 놓고 다음과 같은 주문을 외우라. (大方脈이 살아난다)

주문＝양광일기, 일월참병, 주지응강, 내외통령, 섭황광경, 람수도장자 주병경, 양지학,

옴 부 림
鳥 托
林 霊 拜

(2) 돌림병 (瘟疫)

● 학질퇴치부 (瘧疾退治符)

학질에 걸렸을 때는 자라껍질을 잘게 가루를 만든 다음 이 부적을 써서 태운 재와 같이 술에 타서 복용하되 같은 방법으로 三일간 계속하라

(가)

(나) (다)

● 염병(炎病) 예방부

이 부적을 대문 위에 붙여두면 염병이 전염되지 않는데, 이미 염병에 걸렸을 때는 두 장을 써서 한 장은 태워 마시고 한 장은 몸에 지니라.

● 전염병(傳染病) 예방부

돌림병이 돌아다니면 전염되지 않도록 예방하여야 한다. 이 부적을 지니면 예방 되는데 이미 전염된 사람은 술에 유황을 약간 타서 부적을 태운재와 같이 복용하라.

(가)

(나)

(3) 삼십일 득병부 (三十日得病符)

● 초일일 병 (初一日病)

초하루에 생긴 병은 이 부적 두장을 써서 한장은 태워 마시고 한장은 문 위에 붙여두면 신효하다.

● 초이일 병 (初二日病)

초이틀에 생긴 병에는 이 부적을 써서 한장은 태워 마시고 한 장은 문 위에 붙여두면 신효하다.

● 초삼일병 (初三日病)

초사흘에 생긴병은 북쪽에서 탈이 생긴 원인인데 이 부적을 써서 불에 살라 마시면 대길하다。

● 초사일병 (初四日病)

초나흘에 생긴병은 동북쪽에서 병을 얻어 두통이 난다。 한장은 태워마시고 한장은 문 위에 붙인다。

(203)

● 초오일병 (初五日病)

초닷새 날에 얻은 병에는 이 부적 두 장을 그려 한 장은 불에 태워 마시고 한 장은 몸에 지닌다.

● 초육일병 (初六日病)

초엿새 날에 생긴 병에는 이 부적 한 장을 써서 문 위에 붙이면 더 길하다.

● 초칠일병 (初七日病)

초이렛날에 발생한 질병에는 이 부적 한장을 써서 불에 태워 부적 재를 삼키면 병이 낫는다.

● 초팔일 병 (初八日病)

초팔일에 생긴 병에는 이 부적 한장만 써서 불에 태워 환자에게 복용시키면 신효하다.

● 초구일병 (初九日病)

초구일에 생긴 병에는 이 부적 두장을 그려 한장은 불에 살라 마시고 한장은 문 위에 붙인다.

● 초십일병 (初十日病)

초 열흘에 발생한 병에는 이 부적을 한장만 그려 불에 태워 마시면 병이 낫는다.

● 십일일병(十一日病)

십일일에 생긴 병에는 이 부적을 한장만 써서 방문위에 붙여두면 대길하다.

● 십이일병(十二日病)

십이일에 생긴 병에는 이 부적을 한장 써서 방문위에 붙여두면 병이 낫는다.

● 십삼일병 (十三日病)

십삼일에 생긴 병에는 이 부적 두 장을 만들어 한장은 불에 살라 마시고 한장은 문 위에 붙인다.

● 십사일병 (十四日病)

십사일에 생긴 병에는 이 부적 두 장을 새서 한장은 태워마시고 한장은 문 위에 붙인다.

● 십오일병 (十五日病)

십오일에 생긴 병은 이 부적 두 장을 써서 한장은 문 위에 붙이고 한장은 불에 태워 마신다.

● 십육일병 (十六日病)

십육일에 생긴 병에는 이 부적 두장을 써서 한장은 태워 마시고 한장은 환자의 몸에 지닌다.

● 십칠일병(十七日病)

십칠일에 생긴 병에는 이 부적 두장을 써서 한장은 재를 만들어 삼키고 한장은 몸에 지니면 길하다.

● 십팔일병(十八日病)

십팔일에 득병한 경우 이 부적 두장을 그려 한장은 불살라 삼키고 한장은 머리속에 지닌다.

● 십구일병 (十九日病)

십구일의 병에는 이 부적 두장을 써서 한장은 재를 만들어 삼키고 한장은 머리에 지니면 병이 낫는다.

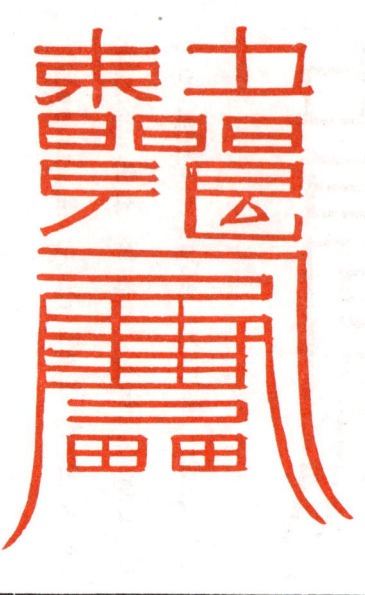

● 이십일병 (二十日病)

이십일에 생긴 병은 이 부적 두장을 써서 한장은 불에 태워 삼키고 한장은 문위에 붙이면 길하다.

(211)

● 이십일일병 (二十一日病)

이십일일에 발생한 병은 이 부적 한장을 써서 불에살라 삼키면 대길하다.

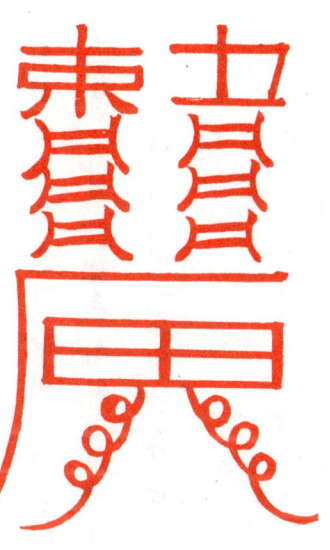

● 이십이일병 (二十二日病)

이십이일에 생긴 병에는 이 부적 두장을 써서 한장은 문 위에 지니고 한장은 몸에 지닌다.

● 이십삼일병 (二十三日病)

이십삼일에 생긴 병에는 이 부적 두장을 써서 한장은 태워 마시고 한 장은 몸에 지니면 병이 곧 낫는다.

● 이십사일병 (二十四日病)

이십사일에 생긴 병은 이 부적 두 장을 그려 한장은 몸에 지니고 한 장은 불살라 마시면 대길하다.

(213)

● 이십오일병 (二十五日病)

이십오일에 병이 발생하거든 이 부적 한장을 그려 문 위에 붙여두면 신효하다.

● 이십육일병 (二十六日病)

이십육일에 생긴 병은 이 부적 한장을 써서 문 위에 붙여두면 대길하다.

● 이십칠일병 (二十七日病)

이십칠일에 발생한 병은 이 부적 한장을 만들어 머리에 지니면 질병이 물러간다.

● 이십팔일병 (二十八日病)

이십팔일에 생긴 병은 이 부적 두장을 써서 한장은 몸에 지니고 한장은 태워마시면 대길하다.

(215)

● 이십구일병 (二十九日病)

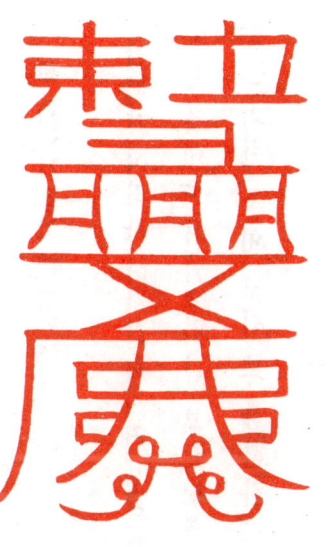

이십구일에 생긴 병은 이 부적을 써서 침실 벽위에 붙여두면 질병이 자연 물러간다.

● 삼십일병 (三十日病)

삼십일에 발생한 질병은 이 부적 한장을 그려 환자의 몸에 지녀주면 병이 낫는다.

(4) 각과 치료 (各科治療)

● 현기증 (眩氣症)

갑자기 머리가 어지러워지며 쓰러질 듯한 증세는 현기증이니 부적재를 생강 대린 물에 타서 복용하라.

● 두통 (頭痛)

머리가 어지럽고 아픈 경우는 이 부적글씨를 태운재에 「천궁」한돈 중 대린물과 혼합해서 복용하면 두통이 멈춘다.

(217)

● 두통(頭痛)

또 한가지 방법은 백지(白芷)한 돈중을 대린물에 이 부적을 태운재를 써서 복용하라,

● 두풍(頭風)

백유향(白乳香)에다 이 부적을 그린뒤 불에 살라 재를 만들어 타서 복용하면 효과가 신비하다.

(가)

(218)

● 두풍(頭風)

이 부적도 두풍을 치료하는 방법인데 마음에 드는 경문을 읽은뒤 몸에 지니면 대길하다.

(나) 佛㧕弓㊋七

● 중풍(中風)

아주까리씨 三돈중(껍질 벗긴것) 과 어름(氷) 五푼중과 이 부적을 써서 태운 재를 합하여 같이 갈아 고약처럼 만든뒤 중풍으로 마비된 반대편에 불이면 시효하다.

(가) 雨魃

(나)
● 중풍(中風)

죽순(竹筍)과 생강즙 三잔을 만들어 놓고 이 부적을 써서 태운 재를 타서 복용하라. 말을 더듬을 정도의 증세거든 형개(荊芥)이 삭 두돈중에 부적재를 넣고 빻은 뒤 탁주에 타서 복용한다.

爝 㗊饟 㗊餠

● 풍습(風濕)

풍습으로 고생할 때는 계지(桂枝)한돈 중에 물을 붓고 푹신 삶은 뒤에 그 물에 위 부적을 써서 태운 재을 섞어 복용하라(만일 환자가 양기가 허약하여 토혈하거나 충혈된 사람은 桂枝를 쓰지 못한다.)

尙饙

● 한열병 (寒熱病)

(가) 甇魁

한열병이란 갑자기 추웠다가 갑자기 열이 올라 땀을 흘리는 증상이다. 치료방법은 "시호"한돈반중을 다린 물에 위의 부적 태운재를 타서 복용하면 효험이 있다. (한열은 그 증세가 학질 담열과 같은 것이다)

(나) 奉勅下雹 斬除凶神惡煞出外去

환자의 잠자리 위에 붙여 둔다.

(221)

● 한기 (寒氣)

추운 겨울이 아닌데도 때때로 소름이 끼치며 추운 증세이다. 이런 경우는 아래의 부적을 써서 몸에 지니면 효험이 있다.

勅令鬼鬼鬼（火金火）土木急退寒鬼罡

● 화열증(火熱症)

嶂嘗餘嘗餘嘗餵嘗餞

시호(柴胡)하돈반중과 박하(薄荷)팔문중 대린물에 부적 켜운 재를 타서 복용하라。

● 담질(痰疾)

담질(痰疾) 즉 가래가 많아 고생하는 환자는 금계 랍、金鷄納 약간에 위 부적을 써서 태운 재를 섞이 복용하라。

● 기침(咳嗽)과 담(喘息)

기침이 자주 나오고 숨이차고 가래가 많은 증세에는 「무우」를 즙(汁) 내어 부적을 태운재를 섞어 복용하면 효력이 신비하다.

● 옆구리가 결릴때

담이 심하거나 옆구리가 결릴때 반하(半荷) 두돈중이나, 생강 세쪽을 대린 물에 부적을 불살라 태운 재를 섞어 복용하면 신효하다.

● 위병(胃病)

위(胃)가 좋지 못하여 소화불량으로 가슴이 쓰리고 아플때는 목향(木香) 한돈중과 생강 두쪽을 태린 물에 부적을 태운재를 타서 먹으면 신효하다。

贘 尙 餤 尙 餘

● 구토증(口吐症)

비위(脾胃)가 약하여 자주 속이 메시껍고 구토증이 생길때 생강을 두텁게 세쪽으로 쪼개어 태린 물에 부적을 태운재를 혼합해서 먹으면 신효하다。

尙 齝 尙 饒 尙 餝

● 가슴앓이 (胸痛)

가슴앓이 (속앓이)가 일어날 때는 후박 한돈중을 대린 물에 · 아래 부적을 써서 태운 재(灰)와 섞어 복용하면 곧 멈춘다.

治
治唸急如律令
丙女日
治唸急如律令
丙女日
丙女日
唸急如律令

● 가슴알이

가슴알이에 또한가지 방법으로는 자소목향(紫蘇木香)각 오푼중을 대린 물에 위 부적을 써서 태운 재를 섞어 복용하면 신효하다.

● 헛배 부를때

음식을 먹으면 소화가 잘 아되거나 헛배가 불러 거북할때 후박(厚薄)한돈중 대린 물에 한끼에 한자씩 태운 재를 타서 복용하면 효험이 있다.

(227)

● 복통(腹痛)

배가 아플때는 오수유 한돈반중(설사에는 신곡 두돈중)을 더린 물에 이 부적을 써서 태운 재를 혼합하여 먹으면 곧 복통이 멈춘다.

● 토사곽난(吐瀉霍乱)

토사곽난에는 위의 부적을 태운 재를 백반 두돈중을 끓는 물에 녹인다음 타서 먹으면 신효하다.

● 이질 (痢疾)

이질에 걸려 곱똥이나 설사가 자주 나올때는 석류껍질 (石榴皮) 을 대린물에 이 부적을 써서 태운 재와 같이 복용하라.

● 설사 (泄瀉)

설사가 멈추지 않을때는 양귀비 잎새 세푼중을 대린물에 이 부적을 써서 불태운 재를 섞은뒤 복용하면 효험이 좋다.

● 변비증(便秘症)

변비증이란 대변(大便-똥)이 굳어서 용변(用便)하기가 어려울때 사약 한푼중 대린물에 이 부적 태운 재를 쉬어 복용한다. 변비증이 심한 경우에는 사약 한돈중 대린물을 마신다음 당귀 두돈중을 대려 그 물에 부적재를 타서 먹으면 신효하다.

尚䭚 尚餠 尚餠 尚飯 尚飯

● 소변불통 (小便不通)

㲼 㟭 䬼 㟭 䭆 㟭 䭆 㟭 䭢

차전자 (車前子) 두돈중 대린물에 부적재를 타서 복용하라。

● 대변불통 (大便不通)

勅令 𦥑𦥑𦥑𦥑

대변불통에는 차 (茶) 를 끓인 물에 위의 부적재를 타서 복용하면 효험이 있다。

(231)

● 간질 (癎疾)

간질병 환자가 발작(發作)하였을때 우선 멈추는 방법인데 산조인탕(酸棗仁湯)에 부적재를 타서 마시면 좋다.

● 딸꾹질 (冷呃)

二·三일을 두고 딸꾹질이 그치지 않을 때는 따끈하게 데운물에 이 부적 글씨를 써서 태운 재를 타서 복용하라.

(232)

● 인후병 (咽喉病)

인후풍 (咽喉風) 이나 기타의 인후병에는 생강람 (生橄欖) 과 무우를 삶은 물에 이 부적을 태운 재를 타서 복용하라.

● 목젖 (喉乳) 생긴데

목젖이 생긴 경우는 우실초 (牛膝草) 를 즙 (汁) 낸 물에 이 부적을 태운 재를 타서 복용하면 효험이 있다.

- 목에 가시걸린데

음식을 먹다가 목구멍에 가시가 걸린때는 이 부적을 태워 마신다。

● 혓바늘

혀(舌)에 종기가 생겼거나 혓바늘이 돋을 때는 오수유(吳茱萸)부드러운 잎을 곱게 빻은뒤 부적재와 같이 식초에 개어 발바닥에 붙이고 자면 신효하다.

● 혓바닥 종기(舌瘡)

혓바닥을 다쳤거나 종기가 생긴 때는 대추씨(棗仁)를 빻은 가루에다 이 부적재를 혼합해서 물에 개인뒤 환부(患部)에 바른다.

● 치통(齒痛)

풍치(風齒)나 충치(虫齒)를 막론하고 이가 아플때는 관중(管仲) 쌀을 삶은 물에 위의 부적재를 타서 마시거나 옥물어 뱉고, 또는 석고(石膏) 다섯돈중을 대린 물에 아래의 부적재를 타서 약간 마신뒤 양추질하여 옥물어 뱉으면 신효하다.

● 눈이 아플때

까닭없이 눈이 아프거나 눈꼽이 끼고 침침할 때는 이 부적을 써서 태워마시면 신효하다.

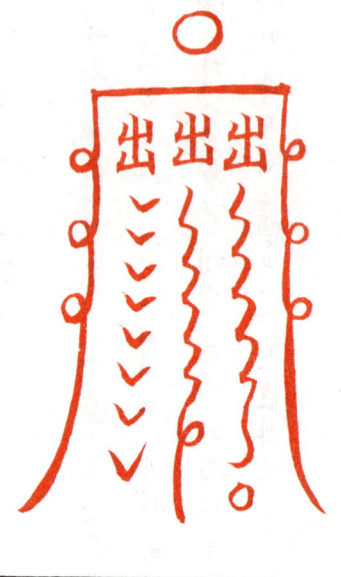

● 눈물이 자주 나올때

바람맞거나 불순물이 눈에 들어가 눈물이 자주 나올때는 숙지황 두돈중 대린물에 부적재를 타서 먹으면 신효하다.

● 청맹(淸盲)

瞖明

백태도 끼지 않고 눈이 잘 보이지 않는 증상인데 천궁(川芎)을 대린물에 타서 먹는다.

● 백응(白鷹)

靈魃

눈에 백태가 끼었을 때는 구기자(枸杞子) 한 동중 대린물에 부적재를 타서 먹는다.

● 안종(眼腫)

䫉飌

열이 오르거나 중기가 나서 아플때는 천련(川蓮)두론 중 대린물에 부적 재를 타서 마신다。

● 눈이 붉어질때

岢覞

이 부적을 태워 형개방풍(荊芥防風) 대린물에 타서 눈을 씻어낸다(하루에 세차례)

● 돌림병.

當餘 當餚 當魆

돌림병에 걸렸을 때는 만형자(蔓荊子)·천황련(川黃蓮)을 각각 한돈중씩 썩어 대린물에 부적재를 타서 아침 점심 저녁으로 복용하라.

● 안과치료부(眼科治療符)

㕛㕛先脾𠘑
唵都盧南
護吸那捫

안과(眼科)를 치료(수술등)할 때 안전하기를 비는 부적이다.

● 코 속의 종기 (鼻腫)

콧 속에 종창 (腫瘡) 이 생겨 잘 낫지 않을때는 사향 (麝香) 약간에다 부적재를 고루 섞어 콧구멍 안으로 불어넣으면 신효하다.

● 코병 치료부

이 부적은 코병 일체를 치료하는 방법이다. 목필 (木筆) 꽃 다섯송이를 (속살 털씨를 버림) 파초 (芭草) 대린물에 하루밤 감그어 말린뒤 가루를 내고 사향 약간과 부적재를 같이 쉬어서 환부 (患部) 에 찍어 바른다.

岺症(食)

● 코피(鼻衂-비뉵)

코를 다쳐 코피가 흐르거나, 열을 받아 코피가 나올때 생배추 즙(汁)에 부적재를 타서 먹는다.

當魃

● 커가 막혔을때

성하던 커가 갑자기 막혀 윙〜거리기만 하고 소리가 잘 들리지 않는 경우 전갈(全蝎)한개를 거독(去毒)해서 술에 담쳤다가 부적재를 타서 한방울씩 귓속에 떨어뜨리면 신효하다.

● 이정치료부 (耳錠治療符)

이정이란 귀 속에 목화씨 같은 것이 생기는 것인데 쑤시고 아프다. 사람 손톱을 볶아 가루를 낸 뒤 부적재를 고루 섞어서 대롱에 대고 귓속에 불어넣으면 신효하다.

● 귀에 벌레가 들어갔을 때

날아다니거나 기어다니는 벌레가 들어가 나오지 않을 때는 이 부적을 써서 양손에 한장씩 쥔 다음 한손은 코를 눌러막고 한 손은 벌레가 안 들어간 귀를 막고 있으면 얼마 뒤에 벌레가 기어 나온다.

● 귀가 아플때

귀가 헐고 종기가 나거나 풍(風)、또는 다쳐서 아플때는 사향(麝香) 약간을 우렁딱지 속에 넣어두면 물이 되는데 그 물에 부적재를 고루 혼합해서 귓속에 방울지게 넣은 뒤과 줄기로 귀를 막아 둔다.

● 귀 고름이 날때

귀 고름이 흐르고 쑤시고 아플때는 금자하엽(金線荷葉)을 잘 찌어 즙(汁)낸 물에 이 부적재를 타서 귓 속에 몇 방울씩 떨어뜨리면 신효하다.

● 옴(疥) 치료하는 부적

옴이란 피부병인데 옴에 걸렸을 때는 진천복(眞川樸)을 참기름에 갈아서 간장과 백반을 조금씩 섞은 뒤 부적재를 혼합하여 환부에 바르면 효험이 있다.

● 마른버즘、진버즘

마른버즘이나 진버즘(습진)에는 창이(蒼耳 - 俗名 도꾸마리대)풀이나 (짓찌은 것) 연분(鉛粉)에 부적재를 쉬어 바른다.

● 사마귀(痣)와 혹(瘤)

사마귀 또는 혹을 떼려면 앵도씨(櫻桃核)를 식초를 붓고 진하게 갈아서 이 부적재를 고루 쉬어 가지고 사마귀나 혹이 돋아난 자리에 바르면 삭아 없어진다.

尚儺

● 치질(痔疾)

치질을 치료하려면 목별자(木鱉子)를 식초에 진하게 갈아서 이 부적을 태운 재를 쉬어 환부(患部)에 바르면 효험이 있다.

尚麅

● 성병 (性病)

임질 (淋疾), 매독 (梅毒), 곤지름 등 성병 일체에 은소 (銀硝) 한 돈중 대린 물에 부적을 태운 재를 섞어 하루 한장씩 완치될 때까지 복용하라.

尚財
食

● 피를 도할때 (吐血)

피를 도할때는 한끼에 당귀 두 돈중을 대린 물에 아래 부적글씨를 한자씩 태워 재와 혼합하여 복용하되 아침 저녁 두때씩 이일간 복용하라.

尚飼 尚修
飾 飽
尚
食雷

● 출혈(出血)을 멈추는 부적

勅 神毛將軍來止血

태워 마신다

● 농혈(膿血) 치료부

부스럼, 독종(毒腫) 가래톳, 출혈 등에 이 부적을 태워 복용하라.

蝕餘餲飪餯陰陽火帝消除

● 종기 치료부 (腫氣治療符)

종기 또는 부스럼이 났을때 이 부적쓴 종이를 물에 적셔 환부에 붙인다.

王王尸鬼隱急如律令

● 독종 (毒腫) 치료부

다치거나 자연발생한 종기가 독종으로 악화 되었을때 이 부적재와 같이 녹두회를 개여 바르거나 녹두를 씹어 바른다.

● 악창(惡瘡) 치료부

악창(惡瘡-창병)에는 자금정(紫金錠)을 물에 갈아서 부적재를 섞어 환부(患部)에 바르면 효험이 있다.

● 얼굴에 난 종기(面瘡)

얼굴 부위에 종기가 생겨 좀체로 낫지 않을때는 패모(貝母-조개 껍질)가루와 부적 태운 재를 같이 식초에 개어서 부스럼이 난 곳에 바르면 신효하다.

● 무릎의 종기 (膝腫)

무릎에 생긴 종기에는 자금정을 물에 갈아서 무릎상처에 바르면 신효하다.

雹魁

● 발바닥 종기 (足底瘡)

발바닥에 종기가 나서 쿼내 졌을 때에는 붉은 눈이 달린 대주 (눈紅芽大戟)의 심(줄기)을 빼고 입으로 잘근 잘근 씹어 가지고 이 부적자를 섞어 종기난 곳에 붙이면 효험이 있다.

当俶

● 음낭(陰囊)의 종기

불알이 산증(疝症)처럼 부어 오르거나 부스럼이 생겼을 때는 목화씨(棉花子)를 삶은 물에 부적재를 타서 환부를 자주 씻어내면 효험이 있다.

● 화상치료부(火傷治療符)

끓는 물이나 불에 데었을 때는 이 부적을 태워 마시는데, 불에 데인 때는 하수구(河水口) 흙을 마유(麻油)에 섞어 바르고, 물에 데인 때는 썩은 풀에 간장을 섞어 바른다.

● 쇠독 (鐵毒) 올린데

쇠부치에 다쳐 독종이 생긴 때에는 이 부적을 써서 향로에 불사르고 상처를 불기운과 연기를 쐬면 독이 제거된다.

● 쇠부치에 다친데

칼이나 도끼, 낫 등의 쇠부치에 다친데는 금창약(金槍藥)에 이 부적을 태운 재를 섞은 뒤 상처에 문질러 바르면 효험이 있다.

● 개에 물린데 (狗咬)

受二道尚膽

개에 물렸을 경우 이 부적을 써서 불태운 재를 물에 개어서 물린 자리에 바르면 효험이 있다.

● 미친개 (狂犬)에게 물린데

尚師

미친개에게 물렸을 때는 그 사람의 징수리에 있는 붉은 머리털 (단 한개라도)을 뽑아 버리고, 살구씨를 빻구어 부적재를 섞은 뒤 물린곳에 바른다.

(253)

- 독사(毒蛇)에 물린데

독사에 물린때는 이 부적을 써서 태운 재를 대롱속에 넣고 밑을 불 태우면 연기가 위로 솟구치는데 물린 곳에 연기를 쏘이면 뱀독이 제거되고 상처도 치유된다.

- 지네(蜈蚣)에 물린데

지네한테 물린 독을 제거하려면 사람의 손톱을 물에 갈아서 이 부적을 태운 재와 섞어서 바르면 곧 낫는다.

● 벌레(毒虫)에 물린데

독이 있는 벌레 혹은 짐승에 물려 상처가 난 경우는 이 부적을 써서 태운 재를 시궁창 흙에 섞어서 다친곳에 바르면 효험이 있다.

● 사람에게 물린데

사람에게 물려 그곳이 덧나서 염새가 나고 아플때는 이 부적을 태운 재와 뇌환을 섞어 물린 곳에 문질러 바른다.

● 식욕(食慾)이 없을때

여름철을 당하여 구미(口味)가 없거나 습관성으로 식욕이 없는 사람은 이 부적을 태운 재를 좋은 우물물이나 산간 약수에 타서 먹으면 구미가 돋아난다.

常餘

● 구미(口味)가 돋는 요령

몸이 불편한 환자 또는 고민이 있거나, 원인모르게 구미가 떨어진 사람은 무우씨를 대린 물에 이 부적을 써서 태운 재를 타서 마시면 효험이 있구.

常釘

● 놀라서 생긴 병

몸시 놀란 뒤에 그로 인해 생긴 병에는 대추 한움을 대린물에 위 부적재를 타서 복용하라.

● 냉병(冷病)을 치료하는 법

냉병에 이 부적을 써서 몸에 지니거나 불살라 냉수에 복용하며 치료가 된다.

● 술에 몹시 취했을때

술이 몹시 취하여 고통을 받을 때 (좀체로 깨지 않을때) 갈근(葛根) 한 돈중을 대려 그 물에 부적을 써서 태운 재를 타 먹는다.

● 몽정치료부 (夢精治療符)

자다가 몽정(夢精)을 자주하는 사람은 양기(陽氣)가 허약한 원인이다. 등심초 한 묶음을 대린 물에 이 부적을 써서 태운 재를 타서 먹으면 신효하다.

(5) 부녀자(婦女子)의 병

이상의 질병은 부녀자도 같이 해당하지만 이 항목에 설명하는 부적 내용은 남자에게는 필요치 않으므로 별도로 부녀자에 관한 것만을 간추려 기재하는 바이다.

● 부녀백병(婦女百病) 치료부

이 부적은 특히 임신전이나 해산후 체질이 약하여 수척한 여자는 우선적으로 이 부적을 태워 복용한뒤 증세에 의한 부적을 사용하라。

한끼에 한자씩 三일간 복용한다。

● 월경불순 (月經不順)

부녀자가 월경이 없거나 있더라도 경도가 고르지 못할 때는 천궁(川芎) 한 돈 반중 대린물에 위 부적재를 타서 복용하라.

● 대하증 (帶下症)

이 부적은 대하증 뿐만 아니라 월경불순에도 사용된다. 향부자 한 돈중을 삶은 물에 위 부적을 써서 불에 살룬 재를 타서 마시면 대하증이 치료되고 경도도 순조롭게 진행 된다.

● 유종 (乳腫)

부녀자가 젖몽울이 생기거나, 부스럼 또는 독종(毒腫)이 유방에 생겼을 때는 이 부적을 태운 재에 술을 몇방울 떨어뜨려 고루 개어가지고 환부(患部)에 바른다 (한번에 한장씩 조석으로)

● 부녀잡증 (婦女雜症)

부녀자들 만이 걸리는 병, 대하증、하혈 등에는 당귀(當歸) 한돈중을 대린 물에 부적재를 타서 복용하라。

(6) 소아병(小兒病)

○ 수경부(收驚符)

이 부적은 어린이가 경기가 났을때 태워서 복용시킨다.

(가) 小兒驚叫神符

(나) 奉佛 三時老人到此定三魂七魄歸本身

● 경기(驚氣) 치료부

급성(急性) 경기에는 질갱이 물과 초련자를 같이 찌어 한잔 정가가 되게 즙(汁)을 만들어 꿀(蜜) 끓인 물과 같이 저어서 부적을 불살라 만든 재를 타서 먹인다.

만성(慢性)이된 경기에는 아궁이 흙을 두냥중 정도 물을 붓고 끓여서 흙이 가라앉은 뒤 찌꺼기는 버리고, 후추, 생강 궁운것 각 한돈중 육계 한돈중을 합하여 대린물과 아궁흙 대린물, 부적재를 모두 합하여 (썰)탕을 섞어도 좋음) 복용시키면 신효하다.

● 젖(乳)을 토할때

갓난 어린이가 젖을 자주 토할 때는 백출(白朮) 오푼중 대린물에 위 부적 태운 재를 타서 먹이면 곧 효험이 있다.

● 야제부(夜啼符)

위에 있는 부적은 방에 붙이고 아래 부적은 성명 삼자를 부르면서 촛 한뒤 불살라 버린다

● 야제부 (夜啼符)

매일밤 이유없이 갓난 애기가 울어대는 경우가 많은데 이럴때는 이 부적을 써서 어린이 몸에 사흘동안 지녀 주었다가 삼일후 분향 (焚香) 하고 문밖에서 어린이 이름을 부르며 축수하고 뿌렸다가 다시 부적을 어린이 몸에 지녀준다 (이런 절차를 삼일간 계속한다.

● 홍역안전부(紅疫安全符)

어린이가 홍역을 시작할때 이 부적재를 젖에 개어 먹이면 대길하다.

餠 甞 鈇 甞 鍾 當 鱐 甞 鯐 甞 鏡

● 감적(疳積) 치료부

어린이가 음식을 잘못먹어 위(胃)에 적체(積滯)가 생긴 것을 감적이라 하는데, 복룡(伏龍)간 된장 내린 물에 부적재를 타서 (이는 한끼니 분) 삼 일간 복요시키라 (한끼에 부적글 씨 한자)

餤 饏 甞 餰 饊 甞 餠 甞 餫

● 오줌싸개 치료법

오줌을 능히 가릴만한 나이의 어린이가 자다가 오줌을 싸는 버릇이 있거든 이 부적을 태운 재를 설탕물에 타서 먹이면 효험이 있다.

龍鳳虎鬼化爲吉祥急急如律令
溫溫溫溫鬼隱急如律令

이 부적은 어린이가 깔고자는 요밑에 넣어 둔다.

二, 충·수해(虫·獸害) 및 괴변(怪變)

● 쥐·뱀·벌레 물리치는 부적

집안에 쥐가 몹시 많아 소란을 피우거나, 뱀이 자주 들어오거나 좋지 못한 벌레가 많이 생기거나, 기타의 괴이한 날짐승, 길짐승이 들어오면 이는 장차 상서롭지 못할 일이 생길 징조이니 위 부적을 써서 집안 몇 군데에 붙여두면 이러한 것들이 침범치 않으며 집안의 재앙도 침범 못한다.

● 쥐를 쫓는 부적 (辟鼠符)

正月子日子時에 이 부적을 써서 아궁이 위 부뜨막에 놓아두면 신효하다.

(가) 虎貓 此符鎭之

(나) 扁鬼 呂火 扁 日日日 日日 日日日 唸急如律令

● 날짐승이 못 들어오게 하는 부적

날짐승(飛鳥·飛虫類)이 집안으로 들어와 성가실 때는 이 부적을 써서 대문(大門)에 붙이면 신효하다.

● 들짐승을 막는 부적

뱀·벌레 또는 맹수(猛獸)들의 침입을 막는 방법인데 이 부적을 써서 대문위에 붙여두면 들짐승(野獸)이 들어오지 않는다.

● 날짐승이 의관에 똥을 떨어뜨렸을때

날짐승이 날아가다가 똥을 떨어뜨린 것이 우연히 의관에 맞으면 불길하다고 한다. 이 부적을 써서 몸에 지니면 재액을 만나지 않는다.

● 괴물퇴치부(怪物退治符)

이 부적을 써서 집안에 붙이거나 몸에 지니면 모든 괴물이 침범하지 않는다고 한다.

● 나무벌레(木虱) 없애는 부적

책상, 농 같은 목조가구의 좀벌레를 없애는 부적이다.

﹀﹀﹀ 欠我青卅木爪錢勅令

● 개미(蟻)를 쫓는 부적

이 부적 태운재를 물에 풀어서 개미가 모이는 곳에 뿌린다.

奉勅下﹀﹀﹀ 神符神起五方土公土母蟻等煞急去

三、기타 비법(秘法)

● 걸음을 빨리 걷는 법

하루에 백리(百里)를 걷거나 태산준령(泰山峻嶺)을 넘더라도 다리가 아프지 않고 빨리 걷는 비법이다. 아래의 부적을 그린다음 본인의 신발위에 거꾸로 붙이고 걸으면 신비하게 걸음이 빨라지고 다리가 아프지 않다.

(273)

- 밤길에 무섭지 않는 방법

아래의 부적을 써서 손에 쥐고 밤길을 걸으면 무서운 마음이 없이 편안하게 걸을 수 있으며 잡귀나 짐승의 침입도 받지 않는다.

(가) 我是鬼

(나) 山日日日 急急如律令

● 잠오게 하는 법 (催眠符)

습관성 또는 근심걱정으로 인하여 좀체로 잠이 들지 않을때는 이 부적을 써서 태워 마시면 곧 잠이 들게 된다.

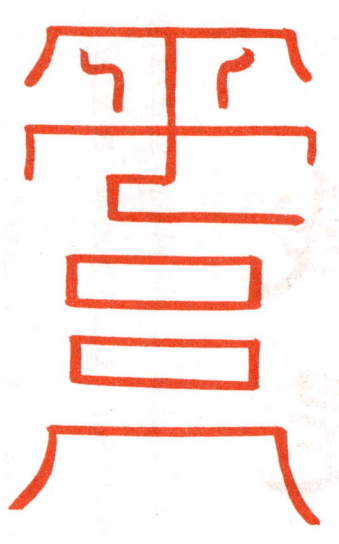

● 자주 가위 눌릴때

정신허약 또는 기타의 원인으로 잠만 들면 꿈자리가 사납고 가위 눌려 헛소리를 하던지 식은 땀이 몹시 나오는 경우 이 부적을 써서 한장은 베개밑에 넣고 자고 한장은 복신(伏神)한 돈중 대린 물에 부적 태운재를 타서 복용하면 신효하다.

● 정신이 맑아지는 법

학생, 연구가, 발명가, 아이디어맨 또는 시험에 응시하는 사람 등 주로 정신계통에 노력하는 사람이 이 부적을 몸에 지니면 정신이 맑아진다.

● 분실물(紛失物) 찾는 법

집안에 있는 물건이 없어졌거나 어디에 있는지 알 수 없는 경우 아래 부적을 그려놓고 주문을 외우면 찾아낸다.

주문 : 〝○○물건 속히 나오너라〞

● 집 잘 팔리는 방법

집(家屋)을 매도(賣渡)하고져 할 때 이 부적을 써서 매도하려는 건물에 붙여두면 원하는 가격에 순조롭게 잘 팔린다.

● 추첨에 당첨하는 방법

아래의 부적 글씨를 두장써서 한 장은 정결한 곳에 붙여놓고 성심껏 기도한뒤 한장은 몸에 지니고 추첨장소에 가면 대길하다.

神福大明
神壽福神

● 가출방지부 (家出防止符)

가족중에 이유없이 가출 하였거나 자주 가출하는 사람이 있을 경우 이 부적을 써서 내실 문 위에 붙여두면 가출인은 귀가하고 아직 집에 있으면 집을 나가지 않는다.

● 방탕 (放蕩)을 막는 방법

성년 (成年)에 가까운 사람이 타인의 유혹에 빠져 가출하거나 방탕에 빠졌을때 이 부적을 본인의 몸에 지녀주면 효력이 있다.

● 자물쇠 푸는 법

새가 나무를 쪼아 흘린 피를 거두어서 경면주사를 합하여 이 부적을 써서 잠긴 자물쇠에 붙이면 자연히 풀린다고 한다.

● 결승부(決勝符)

어떠한 경기에 임하였거나 기타의 승부(勝負)에 임하였을 때 「王」자를 써서 손바닥에 쥐거나 직접 손바닥에 쓰고 싸움에 임하면 반드시 승리한다는 것이다.

(279)

金貴大德

勅令
乙靈封山閉鬼即安土神煞不許動作

- 헌 물건을 묻을때 (埋古符)

이 부적을 써서 대통(竹筒)속에 넣어 오래된 물건과 같이 땅을 파고 묻으면 아무런 탈이 생기지 않는다.

- 중요한 물건을 옮겨 놓을때

이 부적을 써서 물건에 붙이고 옮겨놓으면 탈이 생기지 않는다.

二三. 사주관살(四柱關殺)

관살(關殺)이란 사주학상(四柱學上) 표출된 신살(神殺) 즉 흉신(凶神)을 말하는데 그 살의 종류에 따라 관재(官災), 구설(口舌), 손재(損財) 손명(損命) 질병(疾病) 불구(不具) 이별(離別), 횡액(橫厄) 등을 당하는 것이니 자세히 살펴 관살이 있으면 퇴치 시켜야 일생 평안히 지낼 것이다.

● 살(殺)을 제거시키는 부적

위 부적은 어떠한 종류의 흉살(凶殺)을 막론하고 제거시키는 부적으로 한장은 태워마시고 한장은 몸에 지닌다.

(281)

● 압살부 (押殺符)

사주학상으로 흉살(凶殺)이 있거나, 동토, 수리, 혼인, 이사 등 생활면에 있어 부정(不淨)으로 인하여 살(殺)을 범한 경우 등, 모든 흉신의 작용력(作用力)을 제압(制壓)하는 부적이다.

화개살(華盖殺)

화개살이 있으면 남자는 호음호색(好飲好色)하고 풍류문장(風流文章)이나 여자는 화개가 있고 역마(驛馬)나 지살(地殺)을 만나면 화류계(花柳界)가 되기 쉽다.

화개(華盖)

申子辰年生 辰(年月日時)
巳酉丑年生 丑(年月日時)
寅午戌年生 戌(年月日時)
亥卯未年生 未(年月日時)

이 부적을 써서 몸에 지니면 위에 말한 작용력이 예방된다.

● 도화살(桃花殺)

도화살은 목욕(沐浴) 또는 함지살(咸池殺)이라 한다.
도화살이 사주(四柱)에 있으면 남자는 여난(女難)이 있고 여자는 다음(多淫)하거나 심하면 여러 사람의 아내노릇할 염려가 있다. 그러므로 이 살을 방지해야 하는데 이 부적을 써서 삼년간 몸에 지니면 도화살이 해소된다.

도화살

申子辰生 — 酉(年月日時)
巳酉丑生 — 午(年月日時)
寅午戌生 — 卯(年月日時)
亥卯未生 — 子(年月日時)

● 겁살(刦殺)

申子辰生ー巳　　巳酉丑生ー寅　　亥卯未生ー申
寅午戌生ー亥

이상과 같은 겁살이 있으면 질병 손재의 액이 있다 이 부적으로 예방하라.

● 지살(地殺)

申子辰年生ー申　　巳酉丑年生ー巳　　亥卯未年生ー亥
寅午戌年生ー寅

지살이 있으면 항시 분주하고 노상 횡액이 있는데 이 부적을 삼년간 몸에 지니면 이러한 액이 소멸 된다.

● 망신살 (亡身殺)

申子辰年生 - 亥   巳酉丑年生 - 申
寅午戌年生 - 巳   亥卯未年生 - 寅

망신살이 있으면 이 부적을 매년 한장씩 삼년간 지니고 있으면 망신살이 해소된다.

● 월살 (月殺)

申子辰年生 - 戌   巳酉丑年生 - 未
寅午戌年生 - 辰   亥卯未年生 - 丑

사주에 월살이 놓이며 실패·손재등이 따르는데 이 부적을 일년만 지니면 이 살이 소멸된다.

● 백호대살 (白虎大殺)

사주에 백호대살이 있으면 이 부적 두장을 써서 몸 좌우에 한장씩 지니면 살이 해소된다.

백호대살

壬戌 甲辰 癸丑 丙戌

● 양인살 (羊刃殺)

이 부적을 지니고 있으면 양인살로 인한 액이 해소된다.

甲日卯、乙日辰、丙戊日午、丁己日未、庚日酉 辛日戌 壬日子 癸日丑 (以上은 日干爲主)

● 원진살 (怨嗔殺)

원진살은 다음과 같다.

子—未 丑—午 寅—酉 卯—申 辰—亥 巳—戌

사주(四柱)에 원진살이 놓이면 육친(六親)과 이별수가 있고 대인관계에 인덕이 없다 특히 이 원진살이 부부궁합 (夫婦宮合)에서 만나면 생이사별(生離死別)수가 있거나 부부 불화하다. 위의 부적을 써서 몸에 지니면 이 원진살이 해소된다.

● 삼형・육해살 (三刑・六害殺)

삼형살과 육해살이 드는 사주는 다음과 같다.

삼형(三刑) = 子日卯、丑日戌未、寅日巳申、卯日子、辰日辰、巳日寅申 午日午、未日丑戌、申日寅巳、酉日酉、戌日丑未、亥日亥

육해(六害) = 子丑日未 寅日巳 卯日辰、辰日卯、巳日寅、未日子、申日亥 酉日戌 亥日申

이 살이 있으면 주로 관재 구설 이 항시 따르고 신액이 있으니 이 부적을 써서 항시 몸에 지니면 이러한 액이 사라진다.

● 오귀살 (五鬼殺)

申子辰生~酉戌　巳酉丑生~丑午
寅午戌生~卯辰　亥卯未生~子丑

오귀살이 범하면 우환질고, 공방 (空房)의 액이 있으니 이 부적을 지니면 살의 작용이 해소된다.

● 매아살 (埋兒殺)

子午卯酉日~丑　辰戌丑未日~卯
寅申巳亥日~申

매아살이란 자녀를 낳아 기르다가 실패한다는 살인데, 이 부적을 매년 한번씩 태워 마시면 길하다.

● 상문·조객살(喪門·吊客殺)

상문·조객살은 다음과 같다.

〈年支〉 子 丑 寅 卯 辰 巳 午 未 申 酉 戌 亥
상문(喪門) 寅 卯 辰 巳 午 未 申 酉 戌 亥 子 丑
조객(吊客) 戌 亥 子 丑 寅 卯 辰 巳 午 未 申 酉

사주에 상문 혹은 조객 살이 있거나 상문 조객방을 범하면 우환질고가 따르고 심할 경우 집안에 상패(喪敗)수가 생기는 것이니 위의 부적을 사용하여 이 살을 방지하여야 된다.

勅屙伔
令月月月

● 태음살 (太陰殺)

사주에 태음살이 있으면 겁이 많고 소극적이며 여난(女難)에 빠져 곤경을 당하기 쉬우니 이 부적을 써서 매달 二十六日 밤에 서쪽 태음성군을 향하여 절하고 축원한 뒤 이 부적을 태워 버린다.

태음살(太陰殺)

年 子 丑 寅 卯 辰 巳 午 未 申 酉 戌 亥

태음살(太陰殺) 亥 子 丑 寅 卯 辰 巳 午 未 申 酉 戌

奉玉上 月宮太陰星君到此 鎭

● 병부살 (病符)

병부성 (病符星) 은 질병을 주관 (主管) 하는 흉신이다. 그러므로 사주에 병부살을 범하면 일생 잔병이 많은데 이 부적을 써서 일년간 지녔다가 약 떠릴때 태워서 같이 복용하라. 병부살은 다음과 같다.

子生亥 丑生子 寅生丑 卯生寅 辰生卯 巳生辰
午生巳 未生午 申生未 酉生申 戌生酉 亥生子

奉勅令九天玄女治病平安罡

● 사부살 (死符)

사주에 사부살이 있는 사람은 농작물 또는 가축(家畜)이 성(盛)하지 않고 무단한 구설이 많다. 이 살을 막는 법은 이 부적을 써서 몸에 지녔다가 (1년) 불살라 버린다. 사부살은 다음과 같다.

子生巳 丑生午 寅生未 卯生申 辰生酉 巳生戌
午生亥 未生子 申生丑 酉生寅 戌生卯 亥生辰

奉太上老君勅令死符煞繁急走

● 관부살 (官符殺)

이 살이 있으면 일생 형액 (刑
厄) 과 구설시비 (口舌是非) 가 따르나
이 부적을 일년에 한장씩 삼년간
지니면 살이 풀린다.

子生辰 丑生巳 寅生午 卯生未
辰生申 巳生酉 午生戌 未生亥
申生子 酉生丑 戌生寅 亥生卯

● 칠살 (七殺)

사주에 칠살이 많으면 질병과
관재구설이 따르고 또는 고독하고
단명하다. 이 부적을 써서 봉안하
고 부처님께 기도하라

甲日庚 乙日辛 丙日壬 丁日癸
戊日甲 己日乙 庚日丙 辛日丁
壬日戊 癸日己

● 투하살 (投河殺)

사주학적 판단에 의하여 투하(投河·물에 빠지는 것)의 액이 있거든 액운이 드는 해에 이 부적을 써서 몸에 지니면 무사하다.

● 현량살 (懸梁殺)

사주 판단에 의하여 목매어 자결할 수가 있거든 액운이 드는 해에 이 부적을 써서 몸에 지니면 이러한 흉액을 면할 수 있다.

二四. 소아관살(小兒関殺)

소아(小兒)란 출생후 十세전을 말하는데, 사람이 출생하면 여러가지의 액이 이르는 경우가 많다. 사주학상 신살법(神殺法)으로 소아관살(小兒関殺)에 의한 것이라 한다.

● 야제관살(夜啼関殺)

子午卯酉日 = 未
寅申巳亥日 = 未
辰戌丑未日 = 寅酉

이 살이 사주에 있으면 어린이가 밤만되면 울고 보챈다.

위의 부적을 그려 불살라 먹이라.

力棗鬼肌

● 계비관 (鷄飛関殺)

어린이 사주에 계비관살이 있거든 (夜時生은 무관) 출생후 삼일전은 온 집안 식구가 가축등을 살생하지 말아야지 그렇지 않으면 十세전은 기르기 어렵다. 모르고 살생하였거나 부득이 하여 이를 범했을 때는 이 부적으로 액을 막으라. 계비관살은 다음과 같다.

甲己日 = 巳酉丑
乙丙日 = 子
丁戊日 = 子
庚一日 = 亥卯未
辛壬癸 = 寅午戌

● 옥분관 (浴金관)

욕분관살이 있는 어린이는 출생후 사흘동안은 목욕시키지 말아야 한다. 모르고 목욕시켰을 경우는 반드시 이 부적을 새서 어린이 몸에 지녀주면 액을 면한다. 욕분관살은 다음과 같다.

正二三月生ー辰   四五六月生ー未
七八九月生ー戌   十十十二月生ー丑

● 백일관 (百日関)

백일관살은 출생일부터 백일째 되는날 액을 당한다는 살인데 이 살이 있거든 백일날에 어린이를 절대 문밖에 내놓지 말고 이 부적을 써서 지녀주면 무사하다. 백일관살은 다음과 같다

寅申巳亥月 - 辰戌丑未、子午卯酉月 - 寅申巳亥 辰戌丑未 - 子午卯酉

● 천일관(千日関)

어린이 사주에 천일관살이 있으면 그 어머니는 어린이가 천날(千日)이 되기 전에는 숫돌에 칼을 갈거나 맷돌을 갈지 말아야 한다. 이를 모르고 범하였을 경우 이 부적을 써서 어린이 몸에 지녀주면 천일관살에 의한 화 액을 면한다. 천일관살은 다음과 같다.

甲乙日生 ― 辰午
丙丁日生 ― 申
戊己日生 ― 巳
庚辛日生 ― 寅
壬癸日生 ― 丑亥

● 단명관 (短命関)

단명관살은 명이 짧다는 살이다. 어린이의 사주를 보아 이 살이 있거든 곧 길일 (吉日)을 가린 뒤 아래의 부적을 써서 봉안 (奉安)해 놓고 수명을 빌은 다음 떼어서 어린이 몸에 지녀주면 명이 길어지리라. 단명관살은 아래와 같다.

申子辰日~巳時
巳酉丑日~寅時
寅午戌日~辰時
亥卯未日~未時

● 낙정관 (落井関)

낙정관살이란 우물에 빠진다는 살이니 어린이 사주에 이 살이 있거든 이 부적을 써서 몸에 지녀주고, 특히 우물근처에 못 가도록 해야 되며 뿐만 아니라 물가나 배타는 것, 강 건느는 것을 삼가 시켜야 한다. 낙정관살은 다음과 같다.

甲己日 = 巳月日時
乙庚日 = 子 〃
丙辛日 = 申 〃
丁壬日 = 戌 〃
戊癸日 = 卯 〃

● 수화관(水火關)

수화관살이 사주에 있으면 물이나 불, 또는 끓는물, 끓는 기름에 상할 수가 있다는 것이니 이 관살이 있는 어린이의 부모는 이를 각별히 주의 해야 하며 이 부적을 써서 예방하여야 한다.

이 관살이 드는 사주는 다음과 같다.

厜 月
月 用 月
月 盌

正二三月生 — 未戌時
四五六月生 — 丑辰時
七八九月生 — 丑戌時
十、十一、十二月生 — 辰未時

● 심수관(深水關)

어린이 사주에 이 심수관살이 있거든 우선 아래의 부적을 써서 관살을 예방시킨 다음 어린이나 그 부모는 청명(淸明)과 칠석(七夕) 제사에는 참석하지 않으면 아무런 탈이 생기지 않고 평안하다. 심수관을 예방하는 부적과 심수관살은 다음과 같다.

正·二·三月生∼寅申時
四·五·六月生∼未時
七·八·九月生∼酉時
十·十一·十二月生∼丑時

● 오귀관 (五鬼関)

오귀관살이 사주에 있으면 어려서 질병이 많고 야윈다. 어린이 사주에 이 살이 있거든 아래 부적을 써서 때때로 지녀주고, 무덤·빈집 또는 음산한 곳에 가서 놀지 말도록 해야 한다.

오귀관살은 다음과 같다.

子生 ― 辰   丑生 ― 巳
寅生 ― 午   卯生 ― 未
辰生 ― 申   巳生 ― 酉
午生 ― 戌   未生 ― 亥
申生 ― 子   酉生 ― 丑
戌生 ― 寅   亥生 ― 卯

● 염왕관(閻王関)

사주에 염왕관살이 있으면 역시 단명하기 쉬운데 일주(日主)가 생왕(生旺)을 얻어 왕성하면 이 살이 있어도 무방하다. 그러나 일주가 약한 사주는 오래된 부처, 보살, 미륵등에 불공 드리는 것을 보지 말 것이며 이 부적을 써서 액을 막아야 한다.

염왕관살은 다음과 같다

正二三月生 ― 丑未
四五六月生 ― 辰戌
七八九月生 ― 子午
十·十一·十二月生 ― 寅卯

王勅令
日日月月
日日月月

● 커문관(鬼門関)

커문관살은 커신이 써운다는 살이니 사주에 이 살이 있는 사람은 어릴적에 빈집 사당(廟) 등 음침한 곳에 가지 말아야 하며 이 부적을 써서 예방하면 무사하다.
부적과 커문관살은 아래와 같다.

勅門鳳戌

子日-酉　丑日-午
寅日-未　卯日-酉
辰日-亥　巳日-戌
午日-丑　未日-寅
申日-卯　酉日-子
戌日-巳　亥日-辰

● 무정관 (無情関)

사주에 무정관살이 있으면 홀어머니, 혹은 홀아버지, 또는 의부(義父)를 섬기기 쉽다. 여하튼 이 살이 있으면 부모와의 정이 없는 상인데 장성할때 까지 이 부적을 써서 항시 지니고 있으면 이상과 같은 액이 제화(制化)된다. 무정관살은 아래와 같다.

正、二、三月 ― 子寅酉
四、五、六月 ― 巳戌亥
七、八、九月 ― 申丑
十、十一、十二月 ― 子午

● 단장관 (斷腸관)

사주에 단장관살이 있으면 특히 소, 개, 돼지, 양 등을 잡는 것을 보지 말고 이 부적을 써서 십오세 전 까지 한장씩 매년 바꾸어 가지면 아무 탈 없이 평안하다.

단장관살은 다음과 같다.

甲乙日 = 午未時
丙丁日 = 辰巳時
庚辛日 = 寅時
壬癸日 = 丑時

● 뇌공관 (雷公関)

뇌공관살은 벼락을 맞을 염려가 있다는 흉살이다. 이 살이 사주에 있으면 우뢰가 치는 날 높은 언덕, 지붕, 나무위 같은 곳에 오르지 말아야 하고 이 부적을 써서 예방하면 아무 걱정이 없다. 뇌공관살이 드는 사주는 다음과 같다.

甲日生 ― 丑
乙日生 ― 午
丙丁日 ― 子
戊己日 ― 戌
庚辛日 ― 寅
壬日生 ― 酉
癸日生 ― 亥

● 탕화관(湯火関)

사주에 탕화살이 있으면 끓는 물에 화상(火傷)을 크게 입을 염려가 있다. 그러므로 이 살이 있는 사람은 십세 이전에 끓는 물, 끓는 기름이 있는 곳에 가까이 가지 말것이며 또 이 부적을 써서 항시 지녀주어야 액을 넘긴다. 탕화살이 드는 사주는 다음과 같다.

子午卯酉日生 ─ 午
辰戌丑未日生 ─ 未
寅申巳亥日生 ─ 寅

● 화상관(和尙關)

화상(和尙)이란 중(僧侶)을 말하는데 사주에 화살관살을 놓은 사람은 일찍 중이 될 인연이 있다는 것이다. 이를 면해주려면 어질적에 사찰(寺刹) 같은 곳에 데리고 가지 말고 중과 접촉을 삼가야 하며 또한 방편으로는 이 부적을 써서 지녀주면 이를 면한다.

화상관은 다음과 같다.

子午卯酉日-辰戌丑未
辰戌丑未日-子午卯酉
寅申巳亥日-寅申巳亥

● 급각관(急脚関)

급각관살이란 다리를 크게 다쳐 불구(不具)가 되기 쉽다는 살이다. 사주에 이 살이 있는 사람은 어려서 집을 짓거나 흙다루고 공사장에 접근하지 말아야 하고 또는 이 부적을 써서 지녀주면 아무런 액을 당하지 않는다. 급각관살이 드는 사주는 아래와 같다.

甲乙日生 — 申酉時
丙丁日生 — 亥子時
戊己日生 — 寅卯時
庚辛日生 — 巳午時
壬癸日生 — 辰戌丑未時

● 단교관(斷橋関)

단교관살이 사주(四柱) 가운데 놓인 사람은 외나무다리, 징검다리를 건느지 말고 또는 강(江) 건느는 것을 주의해야 한다. 단교관살은 다리를 다친다는 의미가 있으니 이 살이 있으면 아래 부적을 써서 살을 해소(解消)시켜 주어야 한다. 단교관살은 다음과 같다.

正月 寅　二月 卯
三月 申　四月 丑
五月 戌　六月 酉
七月 辰　八月 巳
九月 午　十月 未
十一月 亥　十二月 子

● 금쇄관(金鎖関)

금쇄관살이 사주에 있으면 어릴적에 금부치 은부치 동전 자물쇠 등을 가지고 놀지 못하도록 해야 한다. 그리고 금쇄(金鎖)관 쇠사슬을 의미하는 것으로 몸이 쇠사슬에 묶힌다는 말이니 형옥(刑獄)수가 있으므로 아래의 부적을 사용하여 이 살의 작용력을 해소시켜야 한다.

금쇄관살은 아래와 같다.

正七月 ― 申時
二八月 ― 酉時
三九月 ― 戌時
四八月 ― 亥時
五十一月 ― 子時
六十二月 ― 丑時

● 사주관 (四柱関)

사주관살이란 의자 (椅子) 책상 (冊床) 탁자 (卓子) 같은 네 기둥 (四柱 - 네 다리)이 달린 물건으로 인하여 액을 당한다는 뜻이니 특히 이러한 물건에 기대거나 걸터앉지 말아야 한다. 아래의 부적을 써서 몸에 지니면 사주관살의 작용력이 해소된다. 사주관은 아래와 같다.

正、七月 ~ 巳亥時
二、八月 ~ 辰戌時
三、九月 ~ 卯酉時
四、十月 ~ 寅申時
五、十一月 ~ 丑未時
六、十二月 ~ 子午時

● 장군전(將軍箭)

장군살(將軍殺)이 있는 사람은 어릴적에 장군묘(무덤)이나 장군의 신주가 있는 사랑 가까이 가지 않으면 재앙이 없다. 장군살 있는 사주에 특히 꺼리는 것은 장군살이 일지(日支)를 충하는 것이니 이렇게 충을 당한 경우에는 이 부적을 써서 살을 해소시켜야 한다.

장군살은 다음과 같다.

正二三月生 — 辰酉戌時
四五六月生 — 子卯未時
七八九月生 — 丑寅午時
十·十一·十二月生 — 巳申亥時

● 철사관(鐵蛇関)

철사관살이 사주에 있으면 우두(牛痘)를 맞을때 주의 하고、천연두(天然痘)가 돌아다닐때 특히 주의 해야 한다。이 철사관살이 있거든 우선 아래에 있는 부적으로 살을 막아주면 무사하다。

철사관살이 드는 사주는 다음과 같다。

甲乙生 — 辰月時
丙丁生 — 未申時
戊己生 — 寅月時
庚辛生 — 戌月時
壬癸生 — 丑月時

● 직난관 (直難關)

직난관살이 사주에 있는 사람은 어릴적에 칼, 도끼, 바늘, 삽, 괭이 같은 예리한 쇠부치를 가지고 놀지 못하게 해야 한다. 만일 주의 하지 않으면 쇠부치에 크게 다치거나 불구자, 심하면 생명이 위험하다. 아래의 부적을 써서 항시 지녀주면 길하다. 이 살은 다음과 같다.

正二月－午
三四月－未時
五六月－卯戌
七八月－巳申
九十月－寅卯
十二月－辰酉

부적을 만드는 요령

一, 붓(筆), 종이 원료를 먼저 준비한다. 종이는 원래 괴황지(槐黃紙)를 사용하게 되었으나 지금은 구하기 어려울 것이므로 백지(白紙 - 窓戶紙)로 대용(代用)하고, 원료는 경면주사(鏡面朱砂)를 참기름에 개어서 준비한다 (혹 靈砂로도 씀)

二, 부적을 만드는 사람, 그리고 부적을 사용하는 사람은 三일전부터 목욕재계(沐浴齋戒)해야 한다.

三, 부적을 만드는 사람은 가능하면 甲子時에 의관을 단정히 하고 분향(焚香)한뒤 주문(呪文) 또는 경문(해당되는)을 읽은다음 붓으로 주사(朱砂)를 찍어 소용(所用)되는 부적을 쓴다.

四, 부적을 쓰는 종이의 규격은 넓이(幅-가로) 9세치 정도에 길이는 각 부적의 모양에 따라 편리하도록 한다.

(321)

○ 규격(規格)의 보기

영부비전서

정가 20,000원

판	권
본	사

1977년 9월 10일 발행
2005년 7월 1일 재판

편 자 김현석
발 행 인 안영동
발 행 처 출판사 **동양서적**
　　　　　경기도 파주시 광탄면 용미리 251-2
　　　　　전화 (031)957-4766~7
　　　　　FAX (031)957-4768

등록번호 제6-11호
등록일자 1976년 9월 6일

ISBN 89-7262-063-7 03810